龍子里聚落的精神領袖

傅有舜

謝桂娥◎著

巨流圖書公司印行

國家圖書館出版品預行編目（CIP）資料

龍子里聚落的精神領袖：傅有舜 / 謝桂娥著. -- 初版. -- 高雄市：巨流圖書股份有限公司, 2025.03
面；　　　公分
ISBN 978-957-732-737-6（平裝）

1. CST: 傅有舜　2. CST: 傳記　3. CST: 客家
783.3886　114003905

本書榮獲財團法人客家公共傳播基金會贊助經費印製補助出版

龍子里聚落的精神領袖：傅有舜

作　　　者	謝桂娥
發 行 人	楊曉華
編　　　輯	李麗娟
封 面 設 計	黃士豪

出 版 者　巨流圖書股份有限公司
　　　　　802019 高雄市苓雅區五福一路 57 號 2 樓之 2
　　　　　電話：07-2265267
　　　　　傳真：07-2233073
　　　　　購書專線：07-2265267 轉 236
　　　　　E-mail：order1@liwen.com.tw
　　　　　LINE ID：@sxs1780d
　　　　　線上購書：https://www.chuliu.com.tw/

臺北分公司　100003 臺北市中正區重慶南路一段 57 號 10 樓之 12
　　　　　電話：02-29222396
　　　　　傳真：02-29220464

法 律 顧 問　林廷隆律師
　　　　　電話：02-29658212

刷　　　次　初版一刷‧2025 年 8 月
定　　　價　300 元
Ｉ Ｓ Ｂ Ｎ　978-957-732-737-6（平裝）

版權所有，翻印必究
本書如有破損、缺頁或倒裝，請寄回更換

推薦序

　　施比受更為有福。傅有舜先生畢生熱心公益、助人解困，敦親睦鄰，服務桑梓，創設龍子里活動中心，建立高雄醫學院會計資訊制度，協助高雄市政府客家事務委員會推展客家文化暨充實客家文物館軟硬體設施，無私無我傳承翻轉客家社區多元文化，貢獻卓著，令人敬佩景仰。

　　文化乃立國之基。文化多元化與包容性更有助於族群融合與民心凝聚力。尤其政府當局近數年來特別重視客家文化之傳承與發揚。謹以感恩心特陳傅有舜先生自始自終推廣社區客家文化之熱情與貢獻。點亮高雄市鼓山區龍子里社區客家文化發展特色，更不遺餘力配合政府致力關懷與協助客家公共管理事務知識基典範，足供後人學習與傳承。

　　《龍子里聚落的精神領袖：傅有舜》乙書是由國立高雄師範大學客家文化研究所碩士生謝桂娥所著，深具歷史性與文化性，內容務實、貼切，誠有助於了解其人事蹟及龍子里社區發展歷程，更足供政府當局嗣後推展社區多元文化之啟迪與省思。

高雄市政府前副市長 洪東煒 敬筆
2024.12.24

推薦序

　　桃園市現在是全臺灣年輕人口最多的城市，工作機會充斥，吸引各地乃至國外移工的聚集。但在一百年前，這裡是缺水的台地，要靠埤塘蓄水才能夠耕作生活。磚紅的土壤吸不了水分，只能種植番薯和茶樹，而稻米產量增加，已經是戰後桃園大圳與石門水庫建設之後的事了。因此 1920 年代開始，桃園客家人經由縱貫鐵路及花東線鐵路運輸，散布至全臺各地謀生，遠及臺東市的豐源稻作地區，沿著卑南大圳分布。他們陸續在三星種蔥、白河栽菸，來到高雄大港、寶珠溝的則是蔗農。中壢、新屋客家的劉、傅、陳等家族，伴隨著莊、方、葉家等同鄉，以及大園橫峰的黃氏，擔任地主陳中和的佃農，不只形成村落，嗣後更開創了正忠市場，聯合竹苗移民請香於新竹義民廟，積極參與地方政治，安身立命在東三民，成為一股不可忽視的力量。

　　在這些桃園移民聚落中，凹子底因為還保有傳統伙房群景觀，在高度開發的輕軌沿線顯得突出。本書主角傅有舜先生就是來自於這裡。他不僅是該庄天公廟及龍子里活動中心的主要創立者，附近在地人的大小廟宇幾乎都有他的慷慨捐獻，破除了客家人小氣的刻板印象。

　　而催生一河之隔的同盟路高雄客家文化園區、高雄客家委員會的成立，都有他的功勞。尤其龍子里活動中心和高雄客家

文物館的展品,相當多一部分是他出資收購的文物,再無償提供給館藏,並製作解說牌。

今由國立高雄師範大學客家文化所謝桂娥學生,從小在阿姆个娘家凹子底出入,並以這處阿姆个胞衣跡碩士論文題目,其中特別挑出傅有舜先生的生平事蹟,另外著述成《龍子里聚落的精神領袖:傅有舜》乙書,可謂碩論之副產品。欣見她在取得客家文化所碩士學位之後,又能讓前輩的生命史付梓,使南遷百年的北部客家人,在廣漠的都會中,留下屬於自己的歷史記憶,是為序。

高雄師範大學客家文化所前所長　吳中杰　謹識

114.1.17

自序

　　長期以來總是懷抱著讀書的夢想，一開始本打算讀東南亞所的，也修了兩學分，在修學分的當下剛好正值客文所在推甄考試，經朋友鼓勵報名，就這樣 110 年有幸進了國立高雄師範大學客家文化研究所。雖然進了夢寐以求的讀書殿堂，但卻讓我備感壓力，畢竟離開學校生活已久遠。從碩一開始真的很感謝我的指導教授利亮時老師，從題目的發想到題目確定，當中題目也修改過幾次，老師總是盡心盡力的指導我如何完成論文寫作。

　　因為我是做質性研究的，加上題目是高雄市的客家小聚落，所以基本上是沒什麼文獻可參考，只能從訪談耆老找線索，整個論文總共訪談了 31 人，也是因為從訪談中，無意間發現傅有舜先生對客家的貢獻。基於對客家的傳承盡一分心力，因此，決定把傅有舜對客家的貢獻編印成書，傳承莘莘學子，讓後生人也能認識客家，進而達到客家文化傳承使命，謹以此書獻給所有莘莘學子們。

　　教育與文化攸關國家永續發展，尤其身為客家子弟更以關懷客家文化之傳承為志業，今生有幸透過進修研究所之學習機會，深入探研高雄市鼓山區龍子里社區發展史，偶然因緣得知傅有舜先生長期默默勤耘客家社區文化之傳承與基層公共事務的感人生命故事，啟發我為傅有舜先生之功在桑梓

的典範著書流傳，也作為客家文化與社區發展之永續發展之借鏡與省思。

　　出書的過程，承蒙高雄市政府前副市長洪東煒認同並贊助、高雄市前世界客屬會理事長鄧崑耀先生慷慨解囊、高雄市議會前議長黃啟川先生、現任高雄市議員黃柏霖大力贊助，以及傅有舜先生大女兒傅秋霞小額金援，才得以順利成書，在此言敘，甚表感激。非常謝謝大家的幫忙與提攜，讓本書圓滿。

謝桂娥

113.12.12

目錄

- i 推薦序｜高雄市政府前副市長　洪東煒
- ii 推薦序｜高雄師範大學客家文化所前所長　吳中杰
- iv 自　序
- 1 傅家移民史
- 7 傅有舜生平典範與事蹟
- 34 傅有舜的貢獻
- 41 結　語
- 45 照　片
- 81 參考書目
- 82 **附　錄**
- 82 附錄一　龍子里歷屆里長初卸任年月
- 83 附錄二　傅有舜先生個人簡歷表
- 86 附錄三　高醫通訊報導文章
- 94 附錄四　人物訪談
- 154 附錄五　義民廟祭典科儀

表次

158　表 1-1　傅氏祖塔
159　表 1-2　傅氏公譜

傳家移民史

　　日治時期北客除了在新興製糖株式會社為佃農外，還有許多來自新竹州的客家人，因修築縱貫鐵路的客家鄉親之牽引而至高雄，向在地福佬地主耕租已呈荒廢的「水尾田」。早期在鄭氏王朝至臺時，就有部分泉州人在龍水渡與漯仔底築茅而居，並在漯仔底耕種，因長期墾耕，地力又日漸貧瘠，且地租逐年大漲，漯仔底的泉州農戶覺得無利可圖而急於脫手。直到日治時期，才轉由來自新竹州遷徙而至的北客入墾。[1]

　　傅氏家族[2]至十二世（約二百五十年前）宗可、宗龍、宗佑等三公始渡海遷居臺灣，卜居於桃園廳桃澗堡過嶺庄（土名青草坡），開墾水田十餘甲以立業。早期當臺灣還是日本殖民地時，傅家人居住在現今的桃園縣平鎮鄉，當時世代在先祖開墾的山區以栽種不需要很多水源灌溉的茶葉維生。然而生活卻讓傅家對未來不敢抱持任何希望，因為無論他們付出多少努力在這片貧瘠的山區茶園，總是無法豐收，讓全家得以溫飽，更別說要讓孩子們讀書，將來能謀個一官半職、出人頭地。日治昭和年間許多較早南下高雄謀生的桃、竹、苗客家人回到舊居地，帶回南部的嘉南平原是農耕者新天堂的好消息，他們說那裡的地主有大批的良田要放耕，且土壤肥沃，只要努力勤奮點，絕

---
[1] 曾玉昆，《高雄市各區發展淵源》上（高雄：高雄市文獻委員會，1992）。
[2] 傅景燈，《傅氏族譜》，1994，頁1。

對能夠讓家人溫飽。這樣的好消息對仍年輕力壯卻又為生活而感到身心俱疲的傅新華[3]與傅新龍兩兄弟,是極大吸引力。

　　別無他想,傅新華與傅新龍兩兄弟即結伴南下闖江湖。最初,他們並未同樣選擇高雄市作為根據地,只有哥哥傅新龍獨自來到高雄,而弟弟傅新華則到了彰化二水。傅新華在彰化奮鬥了六年,在此期間結婚、生子,傅傳金、傅桃妹和傅有舜三兄姊弟也相繼出生。日子雖然有所改善,但離傅新華原先的目標仍有一段差異。正當傅新華在苦思解決之道時,在高雄市的哥哥傅新龍便邀傅新華一家搬到高雄市來。因為除了高雄市有肥沃的良田可耕種外,兄弟倆在一起也有個伴,萬一有事,彼此也好相照應。因此傅新華一家五口人便搬遷至高雄,定居在龍子里(舊名凹子底)的現址,為其一家在高雄市移民史正式展開了新篇章。

圖 1-1　傅新華先生(傅有舜之父)
(作者翻拍)

---

[3] 如圖 1-1。

然而，雖然大家都認為高雄市是農耕者的新天堂，但事實上所有的一切並不如他們預先所想的那樣美好。昭和13年（1938）傅新華一家初來高雄時，當時傅有舜還是個剛上小學堂的小孩童，且當時的龍子里位在愛河的另一頭，而那時的愛河又沒有橋樑可供他們過河，於是學童們每天得涉水搭乘竹排過河到市區那頭上學，光是渡河就得花上個把個鐘頭。當時還年幼的傅有舜心裡常想：為什麼他們當時不搬到市區那頭住，耕種那邊更肥沃的田？尋根究底後，原來當時傅新華和傅新龍在高雄耕租的田是歸高雄煉瓦株式會社所有，而高雄煉瓦株式會社的田有所謂「水頭田」和「水尾地」的分別。「水頭田」是那些在市區比較靠近水源的土地，因近水源，不但灌溉方便也不怕沒有水，因此土地比較肥沃。相對的，「水尾地」就沒有這麼方便、肥沃了。大家都想搶耕「水頭田」，因此較早來高雄開發的閩南人就佔著先來的天時之利，購耕了所有的「水頭田」，而較晚到來的客家人只能分到比較遠的「水尾地」。而今緬想起來，倘若要說傅氏家族在移民高雄的過程中找出涓滴的閩、客不平等處，可能就要屬這「水頭田」、「水尾地」之事了。[4]

然而，轉換視角去緬想所有事，也許傅氏家族會釋懷一些吧！畢竟先來的人定會挑比較好的地耕種，而他們這些後來的只能撿別人挑剩的，但是當有人的「水頭田」棄耕時，任何想

---

[4]《高雄市客家族群史研究》（高雄：高雄市客家群史，1990），頁 80-83。

耕那塊地的人都可以爭取贌耕。對這些客家族群而言，這其中並沒有什麼族群的分別、競爭抑或是對立，不像現今的政治人物為了自己的政治利益或選舉的勝利，而企圖策動族群之間的衝突與區別。

根據施正鋒等《高雄市客家族群史研究》（2000）中記載，統籌整個高雄客家移民史，大約在八十年左右，但絕不超過百年，因此，日治昭和13年（1938）當傅氏家族搬來高雄凹子底（現在的龍子里）時，應算是相當早期的客家移民。在那時，整個龍子里大概只有十多戶的人家，當中閩、客人各為半數，但是到了日治昭和16年（1941）時，傅氏家族的許多親朋好友南下投靠傅新華一起打拼，這時龍子里至少有百分之八十以上的人是來自桃園的客家人，儼然是個「海陸腔客家村」。事實上，以歷史觀點看來，在當時的生活環境下，並無所謂的族群問題。也許是因為當時臺灣仍在日本人的統治之下，臺灣人都是被殖民者，是不是閩南人抑係客家人，對生活上是沒有多大的影響；因為對當時生活在高雄地區的人而言，大家都是一群來自他鄉為生活打拼的出外人，正因為都是出外人，大家彼此都能體諒那種離鄉背景只為求生存的目的，相互包容，只要彼此不侵犯，都能和平相處，不似一些單純為閩南人或客家人聚居的村落，族群意識濃厚，常為了一些小問題而群起械鬥，為兩族之間埋下冰炭不容的夙怨。

傅有舜初等學校畢業後，因當時家境經濟不允許，只能放棄升學，回到家中幫忙父親及大哥耕田。那時傅家仍然沒能買

得起自己的田，不過他們向高雄煉瓦株式會社贌耕的土地多達數甲。耕種幾年地後，傅有舜發現其實自己並不喜歡種田，他希望能找到其他不必在田裡打轉的工作。後來國民政府初遷來臺灣，憑著自己些許的聰明和幾年的基礎教育，在民國43年（1954）左右傅有舜順利進入國民政府的聯勤被服廠的審計單位工作，民國58年（1969）轉入高雄醫學院附設中和醫院的會計室，直到民國81年（1992）退休在家。其實，傅有舜家族已在高雄定居八十多年，早就把高雄當成家了，而自己的子女和孫子們也都在這裡出生、長大，對傅有舜而言，或許早就默認自己是道地的高雄人了。但是儘管如此，傅有舜也很堅持自己的子孫們不可以忘記自己是客家人，在家時他都會盡量要求孩子們說客語，因為他認為語言是文化傳承最重要、也是最主要的工具。在現今客語於年輕一代中逐漸消失的情況下，傅有舜的堅持為我們的客語與客家文化的傳承工作起了很大的鼓舞作用。此外，傅有舜本人一生也致力於客家文化建設的工作，像是高雄市政府設置高雄客家文物館時，他從開始的籌備工作直到完全完工，落成啟用，全程參與，其投入及保護客家文化的精神，也令一起工作的夥伴讚嘆與激賞。傅有舜有空也參與客家社團，如新桃苗客家社團或是後期的青年會皆有其身影，甚至三民區的襃忠義民廟從廟務建檔到廟內祭祀三獻禮[5]，都能看見傅有舜的參與。

---

[5] 請參閱附錄五。

另外，傅有舜也著手整理一些有關古老客家的俚語、歌謠及禮俗等文獻。他說，客家文化隨環境變遷已迅速的在凋零中，很多在他們小時候常唱的童謠及常聽的故事，現今年輕的客家子弟都不知道，他想趁著手邊還有資料，而且自己也還記得時，趕快完備，因為如果現在不做的話，等到未來一切失傳時，即使有心人想學，也無從下手，而客家文化就真的要歸入歷史了。

傅有舜本是農家子弟，憑藉著自己的努力，客家硬頸精神，擺脫農耕工作，一生為客家文化做傳承，其好學精神更令人折服，60歲學電腦、70歲上大學，雖然已離世多年，但其精神永留客家後生人心中。

傅有舜生平典範與事蹟

傅有舜生平

　　傅有舜為傅家第十九世代，民國 17 年（1928）2 月 8 日出生於彰化[1]。日治時期，北部山居耕作不易，民國 27 年（1938）時值 10 歲的傅有舜，因其父傅新華與兄弟傅新龍離鄉往南發展。先至彰化二水，後至屏東長治，再至高雄凹子底定居。日治時期因戰亂生活比較困苦，所以高雄市旭公學校高等科（現三民國小）畢業後，即跟隨父親在家務農。因緣際會下，有幸進入聯勤第二龍服擔任成本會計員，民國 36 年與來自新竹縣湖口鄉之鄉親范純妹結婚，育有五女二男，子女學業婚姻事業都很圓滿。

　　傅有舜在家一向很重視子女的教育，雖然家裡務農，很需要人手幫忙務農，加上經濟條件也不好，且子女眾多，一家十口人的擔子難以負荷，但他從不忘提醒子女，只要肯認真讀書又願意讀，再苦借錢也要給子女讀書，所以七個子女也因他的明智，都有讀書，才有翻轉人生的機會。傅有舜是標準的上班族，雖然每天上班很忙碌也很累，但下班後仍到田裡幫忙務農。為改善家庭經濟，也曾嘗試養飼料雞，家裡也開雜貨店，雜貨店由夫人一個人打理看顧，他則利用上班午休時間趕赴公賣局

---

[1] 參閱附錄 2。

申購菸酒進貨事宜。這樣日積月累的忙碌生活,從未見他喊累過。中年時,就讀當時的建工補校高商部,70歲空中大學日文系畢業,完成年輕時期失學的不足,成為子女的身教最佳典範。

由於小時候曾看過一些較落後的地區,因此傅有舜立志以後要當里長,造福里民。在民國75~91年(1986~2002)間,為了地方上的發展,在里民的推舉下當了四屆里長,也改變了地方上的發展,帶動農16地帶的繁榮。對凹子底的建設更是不遺餘力,如社區活動中心的興建,天公廟的成立及文物館的設立。早期客家人怕被欺負,所以在外不敢講客語,活動中心成立後,傅有舜即安排客語教學課程,就是希望大家不要忘記自己的母語。庄內天公廟每年的祈福與完福祭典儀式,都是由他主導主持。民國91年(2002)里長卸任後,傅有舜仍為客家事務奔波忙碌著;民國94年至96年(2005至2007)擔任行政院客家委員會第三屆委員;民國98年後一直擔任諮詢委員;民國95年至99年(2006至2010)任高雄市鼓山區公所調解委員會委員一直服務里民;民國109年(2020)1月15日離世時,以基督教儀式走完其一生。他是客家文化傳承的代表,也是龍子里客家聚落的終身志工,更是聚落的精神領袖。

傅有舜與高醫之情誼

　　民國46年（1957）高醫附設醫院成立，會計室伴隨營運醫院組織功能而生，肩負會計、財務與稽核的使命，在張泉和、陳登枝歷任主任卓越領導下，奠立會計室業務穩健之基石。嗣後傅有舜接任後，鑑於制度重要性，遂於民國67年（1978）建立「私立高雄醫學院附設中和紀念醫院會計制度」，並於同年獲財政部核定高醫為會計紀錄完備正確之醫院，對會計室發展有深遠之影響，且對高醫會計帳務公信力有正面提升之作用。另為使高醫各科了解經營成果及重視成本觀念，遂於民國68年（1979）編定成本會計制度，提供各科收支資料，作為層峰決策及各科經營改善參考。傅有舜從民國67年到81年（1978至1992）退休，在高雄醫學院以其極清高的人品，奉公守法克盡己職，前後總計服務二十四年。

　　高雄市是一個移民城市，移民城市最大的特色就是多元族群。高雄醫學大學的所在地「大港」，是一個傳統的客家聚落，來高雄醫學院的患者約三成是客家人，傅有舜在多元族群裡眼見客語有失傳的疑慮，同時又感於在高雄醫學院看病之時，醫生與病患之間的語言溝通極為重要。基於促進醫療人權，關照少數族群健康福祉，高雄醫學院醫療人員學習客語已成為必要且必需的功課。因此，傅有舜雖然已從高雄醫學院榮退，但仍積極出面促成高雄醫學大學於民國95年（2006）2月，在醫學系開設全國首創的「醫用本土語──客家語」課程，並擔任

客家文化禮俗的「客家人的信仰與文化」課程講師。這是全臺灣醫學大學第一個開設的客語課程。此課程之目的是教導醫學院學生了解、學習臺灣客家族群的語言、文化，保存客家醫學用語，並進一步了解客家族群，以促進醫生與病患之間的溝通，建立良好的醫生與病患關係，維護病人人權，讓客籍民眾到醫院看病時，能感受到「講客語也會通」的「以客為尊」的顧客導向服務，間接提升醫療品質。身為幕後推手的傅有舜其功不可沒。奈何這些年在所謂「客語傳承」的政策口號中，海陸腔客語卻被無情吞噬了！哀哉！

　　退休後的傅有舜，雖已退休但仍心繫高醫會計室的同仁，所以高醫會計室一年一度的「忘年會」，傅有舜每年也一定參加，藉由「忘年會」與高醫會計室同仁餐聚話家常，這種會計室每年闔家大團圓的氣氛，應該是他退休後快樂又期待的時光，高醫會計室同仁也永遠記得這位德高望重的大家長。

傅有舜與客家社團

　　早在日治時期，高雄市就有「高雄市新竹同仁會」組織，以聯絡原新竹州之旅高同鄉情誼為宗旨而創立，但在第二次世界大戰末期時被迫解散。戰後臺灣光復，同鄉會由葉福安等熱心人士倡議，以聯絡新竹州之桃園、新竹、苗栗三縣市之住民旅居高雄的同鄉情誼，發揚互助合作精神，爭取鄉親福利為宗旨，於民國46年（1957）成立「高雄市新竹同鄉會」。民國88年

（1999）因考量桃園、苗栗鄉親之感受而將之改名為「高雄市新桃苗同鄉會」。[2]

民國44年（1955）時，傅有舜擔任其堂哥秘書時，陸續接觸一些客家事務，從這時起即開啟他對客家文傳承之路。民國46年（1957）傅有舜也參與新竹同鄉會的創立，擔任改制後第一、二屆的秘書，及第三、四、五屆的理事。世界客屬總會高雄分會在民國73年（1984）創立時，傅有舜一同參與籌備工作，並擔任第一及第六屆秘書長。在這段期間，跟義民廟的委員一同推動義民廟的相關活動與祭典。

傅有舜在民國66年至70年（1977至1981）間，擔任高雄市褒忠義民廟管理委員會秘書一職，義民廟的管理大體上可分為三個部分：一是管理廟產與財務的管理委員會；二是管理信眾參與祭祀的爐主及各種祭祀職位等分配事宜；三是高雄市新桃苗同鄉會。高雄市義民廟的管理比較特殊之處在於信徒是以新竹、桃園、苗栗縣遷居高雄市的客家人為主，所以，義民廟的管理人員幾乎和高雄市新桃苗同鄉會完全重疊。

新桃苗同鄉會的會務與運作一向是高雄市社團的翹楚，民國66年因傅有舜的加入，利用其在會計成本的專業領域，幫忙義民廟整理廟內帳目，也在高雄市新桃苗同鄉會成立初期做

---

[2] 傅有舜編輯，《高雄市客家人文史之研究》，〈捌、高雄市客家社團的發展，二、高雄市新桃苗同鄉會〉。（高雄市：財團法人高雄市客家文化事務基金會，2003）。

很多的文書處理，義民廟一開始的祭祀三獻禮也是由傅有舜一手包辦，一直沿用至今。這套「三獻禮」祭祀連北部義民廟也特地南下取經，高雄市政府客委會更把整個流程錄影留存為範本，供後代子孫學習客家廟宇傳統禮儀。

　　民國 88 年（1999）謝長廷市長上任後，為實現其政見承諾，撥款新臺幣叁仟萬元，成立財團法人高雄市客家文化事務基金會，大力推動客家文化事務，並每年編列預算，委託基金會管理客家文物館業務，使客家文物館不僅在展示與保存客家傳統文物外，更積極推動日漸式微的客家母語、歌謠教學等文化傳承的使命[3]。傅有舜時任財團法人高雄市客家文化事務基金會第一屆董事與第二屆執行長，確實執行客家文化的傳承使命。

傅有舜與客家文物館

　　從日治時期開始，就有北客南遷至高雄入墾，高雄的客家人大部分是由新桃竹苗、東勢、美濃、屏東等地區遷居而來。無論來自何地，凡是客家族群都非常重視傳統文化，尤其是房屋建築、文化風俗，飲食育樂等都有其獨特優良的傳統風貌。高雄市客家族群屬有識之士，為使客家文物能蒐集保存，流傳

---

[3] 傅有舜編輯，《高雄市客家人文史之研究》，〈陸、財團法人高雄市客家文化事務基金會〉。（高雄市：財團法人高雄市客家文化事務基金會，2003）。

萬年，並能展現其傳統文化之美，特提議興建客家文物館。[4]

　　高雄市同盟路客家文物館的成立，一開始是由鄧崑耀發起，由傅有舜統籌。於民國84年（1995）3月間，籌組「高雄市客家文物館興建促進委員會」，並召開籌備會議，決定由32位委員公推謝王水先生為主任委員、張貴金、黃興招、鍾文梁、宋國榮、羅志明等五位先生為副主任委員，傅有舜為秘書長，大家集思廣益、積極推動建館工作，蒙當時的吳敦義市長允諾全力支持，方能進展順利；並於民國86年（1997）7月27日動土興建，民國87年（1998）11月22日舉行落成大典，啟用至今。文物館除了珍藏保存及展示文物之外，也成為客家文化活動中心。民國110年（2021）為了落實客語在地化，高雄市政府利用客家文化園區文物館一樓空間，統籌成立了首座客語沉浸式非營利幼兒園，期能讓客語往下紮根。民國91年（2002）12月，更增設了全臺首座的客家文物圖書館，使高雄市客家文物館除了原有文物保存及展示任務之外，增加客家文學、史誌方面之學術研究書及設備，讓文物館更能發揮其多元化功能。在傅有舜與另一位客家耆老李祥榮四處奔波努力尋找贈書之下，初設之客家文物圖書館未久，其中客家文學、史學等學術文化書籍即汗牛充棟，圖書館除了收藏各種客家文學、文獻鄉土誌等書籍外，特別蒐集一百多個姓氏「百家族譜」成為典藏瑰寶，於此不分族群均可研究姓氏淵源，以慎終追遠，

---

[4] 傅有舜編輯，《高雄市客家人文史之研究》，〈柒、高雄市客家文物館〉。（高雄市：財團法人高雄市客家文化事務基金會，2003）。

實為愛好文學人士一大福音。圖書館的珍藏也受到許多文史工作者與研究生之慕名，紛紛前來尋寶，並向傅有舜及李祥榮兩位耆老請益，受益匪淺。

傅有舜的社交活動

傅有舜是位政治人脈寬廣的人，早期在高醫任會計主任期間，總會有一些政治人物造訪高醫，如前總統李登輝、吳伯雄、蘇南成、謝長廷、黃啟川、張榮顯、黃柏霖、1989-1992年的臺灣省建設廳長李存敬（後任高醫董事）、監察委員施鐘响等。所以，大家見慣了也就不足為奇了。傅有舜的人際關係與交際手腕更讓人刮目相看。令人印象最深刻的一次事件約在民國75年（1986）間，當時高醫訂購一批進口醫療器材，因關稅問題卡在海關進不來，理由是認定高醫有逃漏稅之嫌，開罰八十多萬，當時傅主任即認為海關裁定不合情理而向財政部提出訴願。傅主任當時提出二點具體理由請求海關撤銷原處分：一、依據高雄醫學院的教學過程分為基礎教學與臨床教學兩個階段，分別在學校與醫院上課，所以醫院就是臨床教室不宜以單純之醫院視之；二、病人就是教材，不宜以單純之患者視之。這論點獲得財政部官員的認同而同意撤銷罰款，不僅是為高醫打贏了一場漂亮的訴願，更開創醫界所無先例，讓日後其他教學醫院面臨類似個案時都可以比照辦理。

還有一次高醫院內發生嚴重的醫療糾紛，有一位麻醉科醫

師因麻醉問題造成醫院與病患的醫療糾紛，傅有舜運用其純熟手腕與家屬溝通，終於獲得家屬諒解而達成和解，該位醫師也很感激傅主任的熱心幫忙，讓整件事也能順利圓滿落幕。這不得不令人佩服傅主任超廣的人際關係與政治手腕，感覺傅有舜更像是一位公關主任。

傅有舜雖不是政府機構客家單位高階主管，但其在客家文化推廣上卻有著崇高之地位，無人能及，任何有關客家大小事都有其身影。民國 88 年（1999）10 月 25 日陪同蕭萬長院長參訪褒忠義民廟。民國 91 年（2002）3 月 19 日大陸經貿文化交流協會來臺，也是由傅有舜陪同參訪高雄市客家文物館。民國 96 年（2007）1 月 18 日前總統陳水扁陪同帛琉共和國總統雷蒙傑索伉儷參觀高雄市「客家文化館」，受到大批客家鄉親歡迎，當時由行政院客家委員會委員傅有舜全程陪同解說，傅有舜委員從客家人遷徙史開始介紹，提到客家人勤儉持家的歷程，也分享許多客家前人農作機具的使用方式，其親切與詳盡的解說，儼然是位專業之導覽，令雷蒙傑索總統頻頻稱讚不已。

傅有舜雖為一界文人，但其在各式場合之社交能力，展現高 EQ、高智慧及高圓融，堪比公關主任更專業。

從客屬同鄉會到世界客屬會

為聯絡新竹縣市、桃園縣，苗栗縣等地區在地高雄旅居之同鄉情誼，增進鄉親福利、發揮親睦互助之精神舉辦公益事業及協助政府推行法令為宗旨，於民國46年（1957）4月14日分別成立了「新竹同鄉會」與「高雄市新桃苗同鄉會」迄今。高雄市「新桃苗同鄉會」則是為純北客參與之組織，也是堪稱規模龐大、組織健全，平時除了連絡同鄉情誼，爭取鄉親福利、舉辦公益事業、協助政府推行法令外，值得稱許的是同鄉會每年最少都會舉辦一次「尋根」之活動，激起後輩子孫慎終追遠、緬懷祖先之情操。

客家人的祖先發源於中原，即現在的河南及山東西部，河北、山西之南部，陝西東部，地居華夏之中，故曰中原。世界客屬總會濫觴於民國60年（1971），由香港崇正總會所發起之世界客屬懇親大會，當時赴港參加的國家及地區團體有四十九個之多，代表人數多達一千多人。籌設世界客屬總會高雄分會事宜，則是在民國71年（1982）初總會翁鈐理事長等一行人蒞臨高雄褒忠義民廟聚會時，特別指示須盡速成立，嗣承張貴金等熱心人士發起並於民國72年（1983）召開第一次的籌備會議，且經過四次之籌備會商議，決定於民國73年（1984）1月15日成立大會，於此終於誕生世界客屬高雄分會，正式成為高雄市整體性的客屬社團。從民國60年（1971）起每隔二年，輪流在世界各地舉行的世界客屬懇親大會，是集全

世界客屬鄉親,聚於一堂的懇親聯誼活動,也是旅居海內外的客家人,二年一度的世界性懇親聯誼大事,故所大會特別以第十一次的十一為吉祥數字,強調設計屹立於地球上,象徵客家人頂天立地的風格與客家硬頸精神,藉此發揚全世界客屬鄉親傳統的忠義精神,再配以高雄港景觀,以彰顯這次大會地點高雄市的風光景物;另以萬國旗幟繽紛的色彩,象徵在高雄港都舉辦的世界客屬懇親大會活動節目內容之多彩多姿,主色黃、綠、藍代表和平、健康、希望、清新、理智之構圖意象,成為此次大會之亮點與特色。

傅有舜一生為客家文化傳承努力,即便自己還是在高醫任職時,只要有空都會現身於客家各社團,因此在民國 73 年（1984）世界客屬總會高雄市分會創立後擔任第一屆副秘書長及第二屆秘書長,共八年。一開始是在高雄市新桃苗同鄉會任職改制後的第一、二屆秘書長,接著是第三、四、五屆的理事,對客家社團之貢獻不遺餘力。

大家眼中的傅有舜

1. 子女

父親一向很重視子女的教育,雖然當時家裡務農,很需要人手幫忙農務,但他從不忘提醒子女,只要肯認真讀書,又願意讀,再苦借錢也給子女讀書,所以我們五個姊妹也因父親的

明智，都有讀書，才有翻轉人生的機會。

記憶中最深刻的是，他在中年時就讀當時的建功補校高商部，完成年輕時期失學的不足，這也是我們子女的身教最佳典範。父親雖然年紀大了，但向學的精神與毅力頑強，參加首梯次里長電腦培訓課程，讓當年的主辦業務中山大學吳英明教授稱奇讚美有加。在人生「七十而從心所欲，不踰矩」時，完成空大日文系學業。

村庄上的客家天公廟每年的祈福與完福祭典儀式，都是由他主導主持，後來年紀漸大後，他也極力培訓接班人接手，達到傳承地方文化的任務。三民區的褒忠義民廟，他也極盡所能的幫忙協助整理廟務資料，也大力協助內政部完成全國客家義民廟祭典儀式示範禮儀。父親一生都在為客家文化傳承打拼努力，他是我們家子女的驕傲與楷模。[5]

2. 高醫同事

傅有舜在高醫同事眼中是一個政治人脈寬廣的人，因此認識的人都是一些政治界的大人物。他是一個專業人才，也是一個很正直的人，樂於幫助別人但卻不苟言笑的人，為高醫舉才的無私胸懷，值得敬佩。人際關係與交際手腕更讓人刮目相看，是位高EQ、高智慧的人，有時感覺傅有舜更像一位公關主任。[6]

---

[5] 訪談人：謝桂娥，受訪者：傅秋霞，訪談時間：2021.9.18/10.1/10.17 共三次，早上 9:00～11:00，訪談地點：龍子里活動中心。

[6] 訪談人：謝桂娥，受訪者：戴天亮，訪談時間：2022.7.15，早上 9:00～

其在高醫同事心中崇高地位,是無人可以取代的。[7]

3. 聚落里民

傅有舜在村裡是一個熱心公益的人,所以大家推派他出來當里長,在他任內的四屆里長內,應該是凹子底進入繁榮的階段,尤其是活動中心成立時,更是凹子底的全盛時期,當初會把天公廟建於四樓,是因更接近於天之意,三樓的文物館成立之初,傅有舜、傅景發及我都參與其中,南征北討的就為了收集更多的客家古物。[8]

傅有舜是一個好學、能力強的人,四屆里長任內,除盡心盡力地為里民服務外,從天公廟的成立到一開始的天公廟祭典,都是親力親為。記得第一次的天公廟儀式,我擔任司儀,黃承忠是總幹事,謝福清是門口打鼓者,而所有儀式古禮都是傅有舜帶領村民進行的。傅有舜也是一個很嚴肅的人,做事投入且凡事一定要做到好的人,其實在里長任內的同時,他也是高醫的會計主任,又是客家文物館的總幹事,一生為客家文化傳承努力打拼。

龍子里聚落的建設應該是傅有舜申請蓋活動中心開始,直

11:00,訪談地點:高醫大廳轉角。
[7] 訪談人:謝桂娥,受訪者:許芳益,訪談時間:2021.9.19,早上 9:00～10:00,訪談地點:高醫會計室主任辦公室。
[8] 訪談人:謝桂娥,受訪者:黃承忠,訪談時間:2021.9.26,早上 9:00～11:00,訪談地點:龍子里活動中心。

到活動中心落成，可以說是龍子里最鼎盛時期，尤其是每年天公生，整個聚落熱鬧非凡，且活動中心幾乎每星期都有不同的課程，三樓的文物館也常有附近學校預約看展。這些都得感謝前里長傅有舜的功勞，他讓一個舊部落活絡起來，也豐富里民的生活。[9]

傅有舜是一個讀書人，所以村里大小事若遇到需要用文字表達時，他都會義不容辭幫忙，我們住的凹子底聚落會有如此發展，也多虧他的努力與建設，因為他的用心與努力為村庄爭取來的福利，才有我們現今的生活。[10]

傅有舜是村里見識比較多的長者，在大家的推薦下做了四屆里長，村里能有今天的發展多靠他的熱心服務里民，我們在沒有天公廟的時候，都是在現在主委傅景發老屋的禾埕全村一起祭拜天公的，感謝傅有舜的奔波與付出，才有現在的活動中心與天公廟還有自己的文物館。只是蠻可惜的，傅有舜生前有一個很好的規劃與願景，就是把聚落與同盟路的文物館結合起來，發展成一個高雄特有的客家民俗村，中間再由一個拱型吊橋做連結，但因很多的環節受阻不能實現，我想這應該是他這一生最大的遺憾吧！但他為客家的付出與奉獻卻是值得我們後生人的學習

---

[9] 訪談人：謝桂娥，受訪者：陳進豐，訪談時間：2022.1.9，下午 2:00 ～ 4:00，訪談地點：陳進豐自宅內。
[10] 訪談人：謝桂娥，受訪者：陳佐利，訪談時間：2022.1.22，早上 9:00 ～ 12:00，訪談地點：陳佐利自宅內。

榜樣。[11]

傅有舜里長雖然是客家人,但他在里長任內對村庄內的大小事都是盡心盡力,是一個非常熱心的人,更不分族群,我們家雖然是閩南人,記得有一次因工廠租地問題,他真的很熱心地幫我們處理,對我們而言,他不僅僅是龍子里的里長,更是龍子里的大家長與精神領袖。[12]

4. 親屬

傅有舜是我的哥哥,從小他就是一個好學的人,喜歡幫助別人,熱心公益,父親常說要不是因為家裡窮,他絕對是一個很有成就的人,只能說生不逢時。早期的凹子底由父親和幾位耆老帶領村民祭祀天公,躲過日據時代的炸彈,祈求全村民平安。而後期的凹子底由傅有舜當里長時為村民爭取福利,建設活動中心與天公廟,從一個沒落的客家聚落變為現代化的客家村,只是隨著環境與時代的變遷,年輕人都搬出去了,留下的卻是一些老人駐守聚落,絕代風華不再,如何留住這個高雄市僅存的客家聚落,值得我們後生人的反思。[13]

---

[11] 訪談人:謝桂娥,受訪者:黃忠良,訪談時間:2022.3.20,早上 9:00 ～ 11:00,訪談地點:黃忠良自宅內。

[12] 訪談人:謝桂娥,受訪者:李全忠,訪談時間:2023.8.21,早上 9:00 ～ 11:00,訪談地點:黃龍子里活動中心。

[13] 訪談人:謝桂娥,受訪者:傅玉堂,訪談時間:2021.12.2/12.13 共兩次,早上 9:00 ～ 12:00,訪談地點:傅玉堂自宅內。

整個聚落大小事都是他在張羅，一開始他是在高醫當會計主任的，後來退休後也是村民推舉他出來當里長的，民國75年到91年的里長任內，是他一手把凹子底建設起來的。一個客家舊部落在他里長任期內，風光繁榮，尤其是活動中心蓋好後，村民生活水平也提高很多，生活又有重心，他把天公廟的祭祀弄得莊嚴又熱鬧，可說是龍子里客家聚落的特色。成年禮更可以說是高雄市的首創，也是聚落天公廟的驕傲。

　　他原本還想把聚落與同盟路的文物館做結合，打造高雄第一的客家民俗村，其實他是一個很有想法且言必於行的人，但因政策與現實問題沒辦法融合時，我想這個民俗村願景應是他這輩子最大的遺憾吧！我很感念他為龍子里所做的一切，他一生不管是為龍子里還是客家文化甚至高醫奉獻，其精神都是我們後生人的楷模，我有這樣的叔叔是無上光榮的。[14]

　　傅有舜是我的小舅舅，從小就知道他熱衷於客家事務，但都是父執輩的比較了解。我個人是在褒忠義民廟時才真正跟他共事過，家父是世界客屬會第二屆理事，而我則是第三屆理事，因接觸客家事務，所以更了解傅有舜的處事作風。以下是我對他的個人特質所做的一些描述：

　　(1) 具有客家人勤儉樸實、硬頸耐勞之精神。

　　(2) 熱心公益、發揚客家傳統文化。

---

[14] 訪談人：謝桂娥，受訪者：傅景雙，訪談時間：2022.7.5/7.18共兩次，早上9:00～12:00，訪談地點：傅景雙自宅內。

(3) 終身致力公共事務，協助高雄醫學院建立健全醫院會計資訊制度。

(4) 不貪污、不違法，公正無私。

(5) 事親至孝。

(6) 終身學習，貢獻桑梓。[15]

　　因為村民幾乎都是務農為生，所以飽學詩書的沒有幾人，傅有舜算是村裡年長者比較有學識且見識廣，早期又在高醫當會計主任，對村裡大小事又熱心，所以他高醫退休後，大家就推舉他出來選里長。在他的任期內也把凹子底建設起來，從沒有廟祭拜到活動中心的建立，也把天公廟蓋在四樓，這是經過村民認同取決於更接近天之意。以前的凹子底真的生活條件很差，也是因為活動中心的建立，凹子底聚落才漸漸的被大家看見，不然前面高樓大廈的，誰又會知道裡面還有個客家聚落？

　　傅有舜是個熱心公益的人，不管長相或個性都遺傳到他的父親傅新華，日治時代時是他的父親與幾位長者帶領村民祭拜天公，祈求天公保佑村民平安，後期則由傅有舜為村民爭取蓋活動中心與天公廟，他的努力與付出村民都同感身受，凹子底客家聚落的發展與繁榮，其功不可沒。他一生最大的心願，把聚落與同盟路結合成為客家民俗村，只可惜在他有生之年未能

---

[15] 訪談人：謝桂娥，受訪者：洪東煒，訪談時間：2022.8.13/9.11 共兩次，早上9:00～12:00，訪談地點：尚品咖啡和平店內。

實現，這或許是他一生最大的遺憾吧！[16] 其實這個文化村也是我們村民共同的期待。

5. 社團與義民廟同事

民國 92 年（2003）我在客家文物館任職時，傅有舜是文物館的第二任執行長，也是在那時才與他多有接觸。我的印象中傅有舜是一個不苟言笑的人，因當時他也是高醫的會計主任，但他對客家事務不遺餘力，雖然自己工作很忙碌，但他還是常常為客家事務奔走盡心盡力，有時客委家要處理的資料也會透過他的大女兒傅秋霞傳達給我。

褒忠義民廟除了義民爺的生日外，一年的兩大盛事春季與秋季祭典，春季祭典是在每年的農曆三月第一個禮拜天，而秋季祭典是在每年農曆九月的第一個禮拜天，從祭典用的祭文及祭典當天穿的禮服都是由傅有舜一手建立起來的，一直沿用至今，讓人不得不佩服這位客家大佬的用心與付出。他的離開是客家文化的一大殞落，所幸他所建立的祭典禮儀，能一直保存下來，猶如他的客家精神一般，永遠伴隨照亮我們後輩。[17]

他是一個不苟言笑的人，做事積極，講求效率，當時的同盟路成立客家文物館時，需要一些農用古物，於是我跟著他南

---

[16] 訪談人：謝桂娥，受訪者：傅新渙，訪談時間：2022.11.25，早上 9:00 ～ 12:00，訪談地點：傅新渙自宅內。

[17] 訪談人：謝桂娥，受訪者：葉文惠，訪談時間：2022.9.30，早上 9:00 ～ 12:00，訪談地點：三民區褒忠義民廟。

征北討到處去收集,那段時間真的很辛苦,每次只要聽說哪裡有人願意把農具古物捐出,我們就會趕快過去,常常除了帶回那些古物外,路上只要看到客家建築也會馬上拍下來,就是以備不時之需。文物館除了展示這些舊有古物外,也有一個小型的客家圖書館,這個是很多人都不知道的,當時的書籍收集傅有舜也是費盡心思的,如果說客家文物館能有現在的規模與成就,傅有舜可以說其功不可沒。他這一生真的都在為客家努力奉獻,這是值得年輕一輩客家子弟學習的典範。

我跟隨他共事很久,也曾聽他談論理想與抱負,他所居住的地方其實就是文物館的對面,也就是現在光之塔旁隔著愛河旁的一整排舊部落,當時稱為凹子底現稱龍子里。其實他是很有理想與想法的人,他原本想把聚落與文物館連接做個客家文化村,他規劃大約要 100 戶的,中間再用拱型吊橋做連結,因有太多的因素無法突破,這是他人生未完成的夢想,也是他一生最大的遺憾吧!而我很慶幸可以與這樣的長者共事,相信他的精神會給後輩年輕客家人有更多的省思。[18]

民國 93 年(2004)我是因褒忠義民廟事務而認識傅有舜的,大約民國 95 年(2006)時進新桃苗同鄉會,又參與世界客屬會與同盟路的客家文物館創館到客家文化事務基金會,因此機緣,所以與傅有舜接觸的機會也變多了。在多次與傅有舜

---

[18] 訪談人:謝桂娥,受訪者:吳聲淼,訪談時間:2023.3.17,早上 9:00〜12:00,訪談地點:同盟路客家文物館辦公室。

共事參與客家事務，更了解傅有舜的為人與處世態度，他對客家事務的熱衷參與，無私奉獻真的無人能比，在他的身上看到了客家的希望與硬頸精神，其實他本人看起來很嚴肅不苟言笑的，但他對後輩又是很照顧與提攜，是一個很傳統的客家長者，也是客家後生人的學習楷模。[19]

在褒忠義民廟經常看到他的蹤影。後來我當上新桃苗同鄉會理事長時，傅有舜則是我不二人選的秘書，當時我也是高雄市議長，所以有關高雄客家建設我負責爭取預算，傅有舜則負責高雄客家事務推展，他一直也沒讓大家失望過，總是把客家事務處理得井然有序。是我當時最好的合作夥伴。

記得那時他有推一個方案，就是想把他住的地方凹子底與同盟路的客家文物館作結合，推展一個屬於高雄市的客家民俗村，中間以拱型吊橋做連結，100間的商區，可以展售客家的農產品或客家特色美食，更可以做為國中小的客家鄉土活教材，但礙於當時市長換人，後來吊橋變便橋，一些想法政策理念不同，這個方案難以執行，卻也成為他一生最大的遺憾。

傅有舜是一個知識水準很高的人，做事認真，雖不苟言笑卻很願意提攜後輩，樂於參與客家事務，一生奉獻客家。感恩客家有一位這麼用心犧牲奉獻的長者，客家事務才能順利推展

---

[19] 訪談人：謝桂娥，受訪者：古金川，訪談時間：2023.8.12，早上 9:00～12:00，訪談地點：古金川自宅內。

成長。[20]

　　同盟路的客家文物館成立，褒忠義民廟就捐贈了 200 萬，文物館裡有一個客家圖書館，傅有舜當時也投入很多的心力，可惜的是知道這個圖書館的人不多。與傅有舜共事的時間裡讓我備感輕鬆，因為他是一個做事非常嚴謹的人，工作認真，除了推廣客家事務外，他對客家事務與文化傳承可說是做到犧牲奉獻，我想應該找不到第二個傅有舜了。[21]

6. 同鄉

　　最早之前家裡是做理髮工作的，後來是因自己的興趣才組樂團的。認識傅有舜是因去他家裡幫忙理髮而結識的，一個月兩次，早期的傅有舜是在高醫服務，退休後當里長也全心投入客家事務的推動，所以，每次只要客家有任何活動時，需要樂團演奏，第一時間他都會想到我。他為人正直，是一個學識很好的學者，也是一個很好的老大哥，很會照顧與提攜客家後輩。[22]

---

[20] 訪談人：謝桂娥，受訪者：黃啟川，訪談時間：2023.9.11，早上 9:00～12:00，訪談地點：黃啟川議長自宅內。

[21] 訪談人：謝桂娥，受訪者：鄧崑耀，訪談時間：2024.3.9，早上 9:00～12:00，訪談地點：鄧崑耀辦公室內。

[22] 訪談人：謝桂娥，受訪者：葉木火，訪談時間：2023.6.15，早上 7:30～9:30，訪談地點：葉木火自宅內。

7. 後生晚輩

民國 88 年（1999）時值 50 歲，我在客家的活動中，第一次認識了客家耆老、同時也是鼓山區龍子里的傅有舜先生。當時的傅有舜先生已從高雄醫學院會計主任職務退休，卸下會計主任職務之後，傅有舜先生更是全心全力致力於客家文化的傳承與推廣工作。

且說民國 67 年（1978），傅有舜先生在高雄醫學院會計主任任內時，曾為高雄醫學院建立「私立高雄醫學院附設中和紀念醫院會計制度」，並於隔年即民國 68 年編定會計制度，提供各科收支資料，作為層峰決策及各科經營改善參考。傅有舜先生從民國 67 年（1978）開始至民國 81 年（1992）退休，在高雄醫學院以其極清高的人品，奉公守法克盡己職，前後總計服務二十四年。

高雄市是一個移民城市，移民城市最大的特色就是多元族群。高雄醫學大學的所在地「大港」，是一個傳統的客家聚落，來到高雄醫學院的患者約三成是客家人，傅有舜先生在多元族群裡眼見客家語言有失傳的疑慮，同時又感於鄉親在高雄醫學院看病之時，醫生與病患之間的語言溝通極為重要。基於促進醫療人權，關照少數族群健康福祉，高雄醫學院醫療人員學習客家語已成為必要且必需的功課。因此，傅有舜先生雖然已從高雄醫學院榮退，但仍積極出面促成高雄醫學大學於民國 95 年（2006）2 月，在醫學系開設全國首創的「醫用本土語──客

家語」課程,並擔任其中客家文化禮俗的「客家人的信仰與文化」課程講師。這是全臺灣醫學大學第一個開設的客語課程。此課程之目的是教導醫學院學生了解、學習臺灣客家語族的語言、文化,保存客家醫學用語,並進一步了解客家族群,以促進醫生與病患之間的溝通,建立良好醫生與病患之關係,維護病人之人權,提升醫療品質。幕後推手傅有舜先生其功不可沒。

高雄市同盟路的客家文物館於民國84年(1995)4月間,籌組「高雄市客家文物館興建促進委員會」,由32位委員公推謝王水先生為主任委員、張貴金、黃興招、鍾文梁、宋國榮等四位先生為副主任委員,傅有舜為秘書長,大家集思廣益、積極推動建館工作。高雄市客家文物館於民國86年(1997)7月27日動土興建,87年(1998)11月22日舉行落成大典,啟用至今。在民國91(2002)年12月,更增設了全臺首座的客家文物圖書館。在傅有舜先生與另一客家耆老李祥榮先生四處奔波尋找贈書的努力之下,初設客家文物圖書館,未久,其中客家文學、史學等學術文化書籍即汗牛充棟,受到許多文史工作者與研究所研究生之慕名青睞,紛紛前來尋寶,並向傅有舜及李祥榮兩位耆老請益,受益匪淺。

我對傅有舜先生的評價:早期傅有舜先生在高雄市所有的客家活動裡,是一位非常重要的頂級人物,凡有關客家人客家事,無論是大小事情,傅有舜先生都會被請益,他也都會樂於奉獻與參與。為了充實高雄市客家文物館圖書館之館藏,傅有

舜先生和其好友李祥榮先生不辭千辛萬苦一起向相關單位募集。傅有舜以其會計之專長，協助高雄客家的成長與權益之爭取，在客家尚未成立公部門之時，帶領高雄市客家人推動客家文化的種種活動，尤其對客家人生命禮俗的傳承，傅有舜先生更是無私地奉獻心力。他在七十歲時上高雄市立空中大學求學，勤習英文、日語，追求新知，他是一位值得吾人終生學習的典範，更是一位開朗慈祥睿智的客家耆老。他是高雄客家人的導師，一位悲天憫人、無人不尊敬的客家精神領袖。[23]

我剛開始是做會計師的，在民國90年（2001）因緣際會下成為高雄市客家青年會改制後的第二屆理事長，才全心投入客家事務的。傅有舜當時任高雄市客家文化事務基金會的執行長，也是因為這樣才有機會認識執行長的，但之前就有聽說過這個人，他對客家事務很盡心的。

(1) 歌謠班的蓬勃發展，對傳承及推廣客家文化有相當深遠之意義，歌謠班自開設以來承蒙高雄市客家文化事務基金會董事長鄧崑耀，及傅有舜執行長全力支持外，並列為重點工作推行，才得以傳承客家文化。

(2) 連續二年承辦或協辦高雄市青少年夏令營活動，透過夏令營活動讓客家文化也能深耕客家子弟，當時曾因為經費問題，一度想放棄不再辦理，還好經高雄市客

---

[23] 訪談人：謝桂娥，受訪者：吳秀媛，訪談時間：2023.5.19，早上9:00～10:30，訪談地點：電話中及傳資料。

家文化事務基金會傅有舜執行長之力爭，才得以順利完成活動。

　　二年的任期當中真的很感謝執行長傅有舜的大力幫忙，也讓我見識到傅有舜的為人作風，他是一個不苟言笑、溫文儒雅的人，凡是有關客家事務他都會盡心盡力完成，一個不講求回報犧牲奉獻的客家長者，他是客家人的驕傲，也是客家後輩的典範。[24]

　　傅有舜，我小時候在三民區褒忠義民廟就看過他了，因為我的爺爺黃正忠那時當高雄市議員，也是褒忠義民廟的主任委員，當時我才國小，傅有舜即在義民廟幫忙。他這個人很熱誠，非常注重禮儀，每次出場絕對都是西裝筆挺很正式，且態度謙和，做任何事情都非常仔細，而且對我們這些後生晚輩都非常的關心、照顧，是一個非常謙和又專業的，做事又仔細又熱心的長輩。

　　我對傅有舜的評價：他是一個非常謙謙君子的長者。在我印象中，他都協助我爺爺黃正忠在客家褒忠義民廟，讓義民廟事務很有制度。他也很熱心，幫忙各種宗教事務的推動不遺餘力，對待朋友，甚至我們這些後生晚輩，都給我們很多的鼓勵。我記得我剛當上高雄市議員的時候，每次我只要有市政總質詢，我都會發簡訊或PO在網路上，要請大家上電視看，他每

---

[24] 訪談人：謝桂娥，受訪者：李銘興，訪談時間：2023.8.21，早上 9:00～11:30，訪談地點：李銘興會計師辦公室內。

次都會給我很多回饋,他都會打電話跟我說,你講得不錯啊!哪裡講得很好啊!哪裡可以更好啊!他真的是一個謙謙君子,對客家事務,也不只客家,所有的公共事務都非常的投入,他早期也當過里長,所以代表他對公共事務真的很用心,對我們這些後生晚輩也很提拔、很鼓勵,所以,他是讓我們很懷念的一位長者。[25]

民國70年(1981)時,我聽說廟方所有慶典都是由傅有舜主導,廟裡最重要的祭典儀式:「三獻禮」,也是由傅有舜所創,這對客家廟宇是一個非常隆重的儀式。雖未與傅有舜共事過,但其本人也常在廟裡見過,眉宇之間就是讀書人的氣度,他對義民廟的無私付出,其功不可沒。只要有客家的活動,就能看到傅有舜的身影。雖然他走了,但其對義民廟的用心與客家精神,一直與我們同在。[26]

我直到民國94年(2005)因為表哥的女兒吳川鈴在客屬總會上班,才比較常接觸傅有舜,他不管對義民廟、還是客屬總會、或是新桃苗同鄉會,他都很熱心參與幫忙,可以說只要有客家人的活動,就有傅有舜的身影,他是一個平易近人的學者,雖有不苟言笑的外表,但其實他是一個很好相處的人,沒有任何官威,又願意無私為客家奉獻付出,純屬可貴。他為客

---

[25] 訪談人:謝桂娥,受訪者:黃柏霖,訪談時間:2023.9.23,早上9:00～11:30,訪談地點:黃柏霖立委辦公室內。
[26] 訪談人:謝桂娥,受訪者:劉邦根,訪談時間:2023.10.13,早上9:00～11:30,訪談地點:三民區褒忠義民廟辦公室內。

家及後生人樹立一個很好的典範，值得後生人學習。[27]

　　因大哥的關係，在家族也常聽傅有舜的大名，久而久之，對其人也會略知一、二，他對客家事務的事都很上心，加上人也很好，會提攜後輩，對義民廟的事物更是盡心盡力，是客家不可多得的一位長者，大家都很敬重他的。其實說真的，義民廟要是沒有他的幫忙，也不會有正規的廟務系統，所以現今不管換誰做主委，都能輕鬆掌控廟內事務，這都要歸功於傅有舜的幫忙。[28]

---

[27] 訪談人：謝桂娥，受訪者：張海平，訪談時間：2023.11.4，早上 9:00～11:30，訪談地點：三民區褒忠義民廟辦公室內。
[28] 訪談人：謝桂娥，受訪者：周德聰，訪談時間：2023.11.23，早上 9:00～11:30，訪談地點：三民區褒忠義民廟辦公室內。

傅有舜的貢獻

民國 27 年（1938）時值 10 歲的傅有舜，因其父傅新華與兄弟傅新龍離鄉往南發展，隨著父親先至彰化二水，後至屏東長治，再至高雄凹子底定居。因處二戰烽火期間，從小生活顛沛流離，看盡人間冷暖。加上幼時曾看過一些較落後的地區，因此，在其幼小心靈即立志以後要當里長，造福鄉里。

小時候因家裡生活艱困，所以高雄市旭公學校高等科（現三民國小）畢業後，即跟隨父親在家務農。在因緣際會下有幸進入聯勤第二龍服擔任成本會計員，民國 36 年（1947）與來自新竹縣湖口鄉之鄉親范純妹結婚，育有五女二男，子女學業婚姻事業都很圓滿。傅有舜在家一向很重視子女的教育，雖然家裡務農，很需要人手幫忙務農，加上經濟條件也不好，且子女眾多，一家十口人的擔子難以負荷，但他從不忘提醒子女，只要肯認真讀書，又願意讀，再苦借錢也要給子女讀書，所以七個子女也因他的明智，都有讀書，才有翻轉人生的機會。在中年時就讀當時的建工補校高商部，70 歲空中大學日文系畢業，完成年輕時期失學的不足，成為子女的身教最佳典範。

民國 44 年（1955），傅有舜在擔任他堂哥的秘書時，因陸續接觸一些客家事務，從此，正式開啟他對客家事務與文化傳承的使命。其一生輝煌，傳奇事蹟與貢獻如下：

一、高醫服務期間

民國58年（1969）進高醫服務至民國81年（1992）退休，在高雄醫學院以其清高的人品，奉公守法克盡己職，前後總計服務二十四年。民國67年（1978），傅有舜先生在高雄醫學院會計主任任內時，曾為高雄醫學院建立「私立高雄醫學院附設中和紀念醫院會計制度」，並於隔年即民國68年（1979）編定會計制度，提供各科收支資料，作為層峰決策及各科經營改善參考。

在民國75年（1986）間，當時高醫訂購一批進口醫療器材，因稅問題卡在海關進不來，理由是認定高醫有逃漏稅之嫌，開罰八十多萬，當時傅有舜即認為海關裁定不合情理而向財政部提出訴願。傅有舜當時提出二點具體理由請求海關撤銷原處分：一、依據高雄醫學院的教學過程分為基礎教學與臨床教學兩個階段，分別在學校與醫院上課，所以醫院就是臨床教室不宜以單純之醫院視之；二、病人就是教材，不宜以單純之患者視之。這論點獲得財政部官員的認同而同意撤銷罰款，不僅是為高醫打贏了一場漂亮的訴願，更開創醫界所無先例，讓日後其他教學醫院面臨類似個案時都可以比照辦理。

另有一次高醫院內發生嚴重醫療糾紛，有位麻醉科醫師因麻醉問題造成醫院與病患的醫療糾紛，傅有舜運用其純熟手腕與家屬溝通，終於獲得家屬諒解而達成和解，該位醫師也很感激傅主任的熱心幫忙，讓整件事也能順利圓滿落幕。

高醫曾發生董事會與學校、校友們對當時高醫設立時，有關捐地給高醫之爭議，曾經有高層親訪傅有舜，詢問這位資深的高醫老臣的看法，傅有舜為避免因他的說法造成高醫更尖銳的對立，只回了一句「因年事已高不記得了」，運用高超的智慧巧妙地化解了尷尬場面，讓人不得不佩服傅有舜的智慧與圓融。

　　更於民國95年（2006）2月積極出面促成高雄醫學大學在醫學系開設全國首創的「醫用本土語──客家語」課程，並擔任其中客家文化禮俗的「客家人的信仰與文化」課程講師。這是全臺灣醫學大學第一個開設的客語課程。

二、龍子里客家聚落發展

　　民國75-91年（1986-2002）間，為了地方上的發展，在里民的推舉下當了四屆里長，也改變了地方上的發展，帶動農16地帶的繁榮，對凹子底的建設更不遺餘力，活動中心的興建，天公廟的成立及文物館的設立，皆在傅有舜里長任內陸續完成。

　　鼓山區龍子里社區文物館成立於民國79年（1990）間，占地近三百坪。這塊土地早期由15位村民合購，在民國77年（1988）間要設置文物館時，由於土地共同持有人有8人已仙逝，後代子孫又分散全臺各地，當時的身為里長的傅有舜先生，為了取得這些共同持有人土地者的同意捐地興建文物館之同意

書，全臺奔走一年才得以完成，期間的辛苦不可言喻。龍子里社區文物館成立後，成為社區附近明華國中、龍華國中、龍華國小學生上鄉土教材課程的最佳實體現場，嘉惠學子。

活動中心啟用後，提供社區居民一個活動聯誼的好場所，也經常安排社區居民休閒活動，如土風舞教學、客語歌謠教學、客語教學和各類學習講座，豐富里民生活，也溝通了里民日常情感。而客語教學課程的安排，即是希望大家不要忘記自己的母語。村庄天公廟每年的祈福與完福祭典儀式，也都是由他主導主持。

這是傅有舜對龍子里聚落的最大貢獻，也是龍子里聚落最鼎盛時期。

三、褒忠義民廟廟務與祭祀三獻禮規劃

民國66年（1977）時，當時義民廟一開始的廟內帳務是由傅有舜帶著會計徐秀貞一筆一筆慢慢建立起來的，在民國66年至70年（1977至1981）傅有舜也兼任廟內秘書，在位期間也陸續為褒忠義民廟出版期刊。在幫忙義民廟的同時，也為高雄市桃竹苗同鄉會成立初期處理很多的文書。所以，在早期不管是褒忠義民廟還是高雄桃竹苗同鄉會，在文書處理方面，傅有舜可說是最大的功臣。

褒忠義民廟一開始的祭祀三獻禮也是由傅有舜包辦的，一

直沿用至今，後來北部義民廟也特地南下來學習此客家義民祭典儀式，高雄市政府客委會更把整個流程錄影留存為範本。

四、新桃苗同鄉會與客屬會

民國 46 年（1957），傅有舜參與新竹同鄉會的創立，擔任過幾屆的理、監事，還有秘書。世界客屬總會高雄分會在民國 73 年（1984）創立時，傅有舜即一同參與籌備工作，並擔任第一屆副秘書長及第二屆秘書長。在這段即間跟義民廟的委員一同推動義民廟的相關活動與祭典事務。

五、客家文物館

民國 84 年（1995）3 月間，高雄市同盟路的客家文物館籌組「高雄市客家文物館興建促進委員會」，由 32 位委員公推謝王水先生為主任委員、張貴金、黃興招、鍾文梁、宋國榮等四位先生為副主任委員，傅有舜為秘書長，大家集思廣益、積極推動建館工作。高雄市客家文物館於民國 86 年（1997）7 月 27 日動土興建，民國 87 年（1998）11 月 22 日舉行落成大典，啟用至今。民國 91（2002）年 12 月，更增設了全臺首座的客家文物圖書館。

六、行政院客家委員會

民國 91 年（2002）傅有舜在龍子里里長卸任後，仍持續為客家發聲，民國 94 年至 96 年（2005 至 2007）任行政客家委員會第三屆委員，民國 98 年（2009）至晚年為諮詢委員。

除了建設龍子里聚落，傅有舜也積極參與客家事務，亦曾擔任高雄市客家事務基金會執行長，行政院客家委員會委員、全國褒忠義民廟聯誼會總幹事，客家文物館的籌備工作等。傅有舜是一個行事認真，不苟言笑，正義的學者，有客家硬頸精神，他為客家後生人樹立了楷模與典範，其精神永留人心。

七、高雄市鼓山區公所調解委員會

退休後的傅有舜可說是退而不休，在民國 95 年至 99 年（2006 至 2010）擔任鼓山區公所調解委員會委員，一生為客家文化傳承及發聲，鞠躬盡瘁。

八、重要著作與得獎

1. 編輯《高雄市客家人文史之研究》專刊
2. 編輯《高雄市褒忠義民廟建廟 65 週年》專刊
3. 翻譯日人原著作者《高木桂藏》一書〈華僑的先祖客家的秘密〉刊載於（《義民廟 65 週年專刊》第 48 〜

52 頁）

4. 民國 90 年（2001）榮獲內政部「特優里長獎」
5. 民國 91 年（2002）榮獲行政院客家委員會「推行客家事務卓越貢獻獎」
6. 民國 94 年（2005）榮獲高雄市政府「客家事務卓越貢獻獎」
7. 民國 96 年（2007）榮獲高雄市政府「客家事務卓越貢獻終身榮譽獎」
8. 民國 100 年（2011）榮獲高雄市長「鼓山區調解委員調解成立業績效卓著獎」

　　傅有舜一生為客家文化傳承的付出，鞠躬盡瘁，死而後已。他是客家的不朽傳奇，是龍子里聚落的精神領袖與驕傲，更是我們後生晚輩的楷模，難怪鄧崑耀說：世上再也找不到第二個傅有舜了。

結　語

　　凹子底的客家聚落原本是沉寂許久的區域，從日治時代的殘破不堪，歷經風災的摧殘，仍能屹立不搖，展現村民對生活的頑強意志力，也在短短的數十年間，在里長傅有舜的積極建設下，走向都會生活的最高峰。

　　傅有舜，早期是高醫的會計主任，一生活絡於客家事務上，從接任高雄市新桃苗同鄉會第八屆秘書長開始，至第九、十屆及改制第一、二屆秘書長共十一年；嗣於民國73年（1984）世界客屬總會高雄市分會創立後擔任第一屆副秘書長及第二屆秘書長共八年；且在民國84年（1995）高雄市客家文物館興建促進委員會成立，奉派擔任秘書長，全程參與該館之規劃，設計、動土、監工，蒐集文物，落成等工作。傅有舜一生無不在為客家文化傳承做努力。

　　傅有舜也在客家人的信仰中心－高雄市三民區褒忠義民廟，擔任管理委員會委員、常務委員，長達二十多年之久，備受各屆理事長，主任委員、理監事、委員的認同與讚許。後又接任高雄市客家文化事務基金會第二屆執行長暨世界客屬總會高雄市分會第六屆秘書長，其一生活躍於客家事務上，鞠躬盡瘁。

　　本研究為龍子里客家聚落興衰之探討，龍子里的客家聚落在日據時代走進大時代，歷經風災摧毀過，仍能屹立不搖，與

傅有舜有很大關係。在民國 75 年到 91 年（1986-2002）傅有舜任里長期間，積極開發建設讓聚落從純樸艱困走上最繁華的歲月，從聯絡里民共捐土地，蘇南成市長任期內積極為聚落爭取興建活動中心，輾轉到聚落活動中心的成立與落成啟用，從此聚落有自己的信仰中心—天公廟；積極成立屬於聚落的民俗文物館，四處蒐集客家文物，目的讓後代子孫能從目睹文物去了解客家文化；規劃活動中心舉辦各式各樣的客家活動與課程，其對龍子里聚落的貢獻做了最佳文化傳承典範。

民國 109 年（2020）1 月 15 日隨著傅有舜的離世，龍子里聚落漸漸沒落，風華不再，加上村民年輕人的出走，至近期的閩南人里長任期內，客家特色的文化消失，漸漸地整個客家聚落猶如殘燈，隨時都有熄滅的危機。

龍子里的地理環境，在日據時期屬蠻荒之地，但放在現代社會中，卻成了精華地段，其本屬農 16 重劃區，現歸屬農 21 重劃區，但周遭大樓林立，政府單位又遲遲未有政策做好規劃，讓這個聚落岌岌可危，傳統客家聚落即將走入歷史，這是高雄市民的一大損失。

在整個訪談過程，不論是同鄉會也好，還是客委會、基金會，讓筆者更了解傅有舜其人的為人處世與事蹟。傅有舜從一個原有典型的農家子弟，憑藉著自己的努力與毅力，70 幾歲時完成大學，一生奉獻客家傳承客家文化，在有生之年中，本想把自己的村庄與客家文物館做結合，打造高雄完美客家文化

村，若當時其理想與計畫能實現，這將是高雄市客家人的福祉，也會是高雄市的特色與典範，亦是高雄市唯一海陸腔的模範聚落。但事實總是殘酷的，因為種種行政因素，天不從人願，無法實現其理想，這或許就是他一生最大的遺憾吧！在此，只能以此文悼念其老人家在天之靈，他的精神永留客家後生人的典範。

透過田野調查法、耆老深度訪談法與口述歷史法等蒐集資料，傅有舜對龍子里家聚落的建設如下：

一、龍子里活動中心，成為高雄市第一個民間興建的社區活動中心，曾獲得高雄市模範社區。

二、龍子里活動中心提供客家聚落休憩與宗教文教之機能，尤其在龍子里活動中心四樓興設天公廟，三樓設立客家文物民俗室，讓該中心具有祭祀祈福等活動之機能以及凹子底社區客家族群之文教學習與精進的勝地。

三、龍子里活動中心一直都在扮演推動客家文化事務的角色。龍子里社區文物館成立後，成為社區附近明華國中、龍華國中、龍華國小及幼兒園學生上鄉土教材課程的最佳實體現場，嘉惠學子，功德無量。

四、傅有舜里長一生傳承與發揚客家事務文化與熱心幫助客家族群，不遺餘力、功不可沒。他也參與促成高雄市客家文物館之興建，並首創客家義民廟祭典「三獻禮」儀式。同時無私的為龍子里客家聚落爭取無數福利之奉獻付出之精

神,誠令人讚美與懷念。

龍子里活動中心能成為客家族群社區與文教中心,除感恩傅有舜里長外,另外,應感謝當時高雄市政府蘇南成市長從旁玉成。該活動中心曾舉辦各式各樣客家活動與客語課程,甚至也成政府客家活動不假思索之預借場域。其對龍子里聚落的貢獻做了最佳文化傳承典範。唯至為可惜的直至民國109年(2020)1月15日隨著傅有舜里長的離世,龍子里客家聚落景觀物換星移,耆老已衰,青年族群遠飄各地,客家族群凝聚力不足,龍子里客家聚落漸漸沒落凋零,客家特色的文化日漸消失殆盡。誠有待更多有心關懷客家文化之先進者協助導正與發揚至祈,更需地方與政府當局重視與輔導,讓客家文化之傳承持續傳承與精進。

/ 照　片 /

（一）舊時的凹子底

舊時凹子底的對外交通（李全忠提供）

傅有舜日治時期之房舍（傅秋霞提供）

傅有舜民國時之房舍（傅秋霞提供）

傅有舜民國時之房舍（傅秋霞提供）

傅有舜與大兒子在田中（傅秋霞提供）

傅有舜現在的屋宅（傅秋霞提供）

(二) 凹子底古今對照

舊時的龍子橋（李全忠提供）

現在的龍子橋（作者拍攝）

舊時的屋外景色（李全忠提供）

現在的屋外景色（作者拍攝）

早期的屋瓦房與後面的大樓成對比（作者拍攝）

聚落早期的聚會所（傅秋霞提供）

傅景文早期的早午餐飲店（作者拍攝）

傅景發的三合院（作者拍攝）

照片集錦 | 49

（三）凹子底新風貌

天公廟俯視下的凹子底聚落（作者拍攝）

現在的凹子底現況（作者拍攝）

進聚落之道（作者拍攝）

聚落緊鄰愛河的巷弄（作者拍攝）

傅有舜宅後院與傅景發宅相鄰
（作者拍攝）

凹子底聚落之屋角落之一（作者拍攝）

凹子底聚落之屋角落之二（作者拍攝）

凹子底聚落之屋角落之三（作者拍攝）

（四）活動中心動土（皆為翻拍照片）

傅有舜與蘇南成市長及政府官員

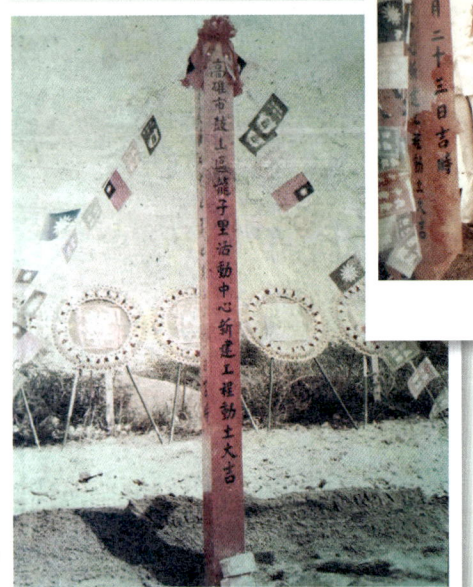

77.7.23 活動中心動土大吉

活動中心動土隆重儀式

蘇南成市長帶領動土儀式祭拜

傅有舜代表村民破土儀式

活動中心奠基典禮大合照之一

蘇南成市長帶領動土儀式祭拜之二

舞龍舞獅慶祝活動中心動土大典

活動中心奠基典禮大合照之二

典禮完大合照

照片集錦 | 53

（五）龍子里天公廟活動（皆為翻拍照片）

司儀

迎賓

舉香祈拜

儀式開始擊鼓

疏文誦念

儀式中

村民參與觀禮

傅有舜與參與之政府官員合照

儀式完成敲鐘祈福

傅有舜與參與之政府官員合照

照片集錦 | 55

（六）活動中心三樓文物館收藏品

水桶（挑水用具）（作者拍攝）

水車（作者拍攝）

風車（風鼓）（作者拍攝）

耕公犁（作者拍攝）

犁（作者拍攝）

犁（作者拍攝）

石製土地公（作者拍攝）

脫穀機（作者拍攝）

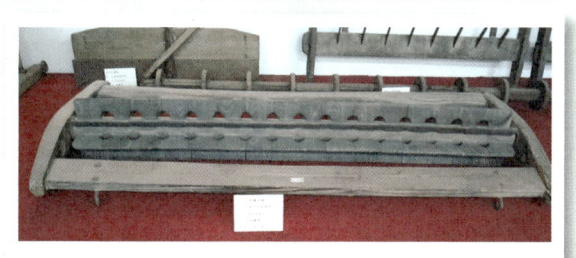

碌碡（作者拍攝）

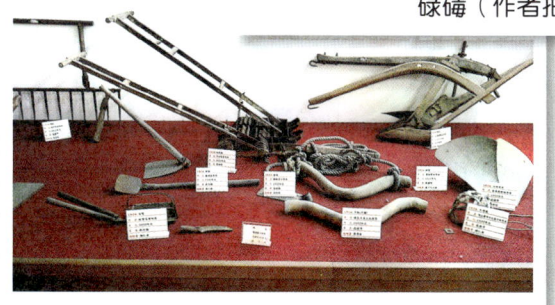

鋤頭、牛軛⋯等（作者拍攝）

小豬槽（餵食小豬用具）（作者拍攝）

米籮和擔竿（作者拍攝）

製棉機（棉花製作線紗用具）
（作者拍攝）

蒸籠（龍床）（作者拍攝）

甕（醃製器具）（作者拍攝）

女子衣服與鐘（作者拍攝）

婚嫁用品（作者拍攝）

洗澡桶（作者拍攝）

轎子（作者拍攝）

照片集錦 | 59

床頭櫃（作者拍攝）

竹椅（大人、嬰兒兩用椅）（作者拍攝）

書桌（作者拍攝）

眠床（作者拍攝）

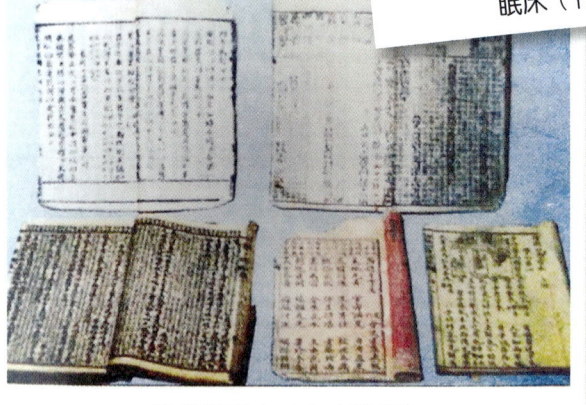

書與記事本（作者拍攝）

（七）活動中心落成慶典

慶祝活動中心落成舞龍舞獅之一（作者翻拍）

慶祝活動中心落成舞龍舞獅之二（作者翻拍）

邀請蘇南成市長剪綵儀式（作者翻拍）

傅有舜與蘇南成市長（作者翻拍）

村民齊聚活動中心觀禮（作者翻拍）

活動中心獲蘇南成市長頒發匾額
（作者翻拍）

傅有舜夫婦與蘇南成市長合照
（作者翻拍）

大家在活動中心前觀禮
（作者翻拍）

大家參與活動中心的開幕儀式
（作者翻拍）

大家在活動中心前觀禮
（作者翻拍）

大家參與活動中心的開幕儀式
（作者翻拍）

傅有舜與蘇南成市長合影
（作者翻拍）

傅有舜與蘇南成市長合影
（作者翻拍）

全體大合照（作者翻拍）

照片集錦 | 63

（八）天公廟

評議委員全體委員合影（作者翻拍）

四樓天公廟的正門（作者翻拍）

天公廟第五屆全體委員（作者翻拍）

天公廟第五屆全體委員（作者翻拍）

天公廟第六屆全體委員（作者翻拍）

天公廟第五屆全體委員（作者翻拍）

四樓天公廟前的插香爐
（作者拍攝）

四樓天公廟金爐
（作者拍攝）

（九）凹子底聚落大小事（其餘傅秋霞提供）

天公廟的成年禮與觀禮者 1（作者翻拍）

李登輝總統參觀三樓文物館（傅秋霞提供）

天公廟的成年禮與觀禮者 2（作者翻拍）

活動中心的歌謠班（傅秋霞提供）

活動中心土風舞班
（傅秋霞提供）

活動中心土風舞班 1
（傅秋霞提供）

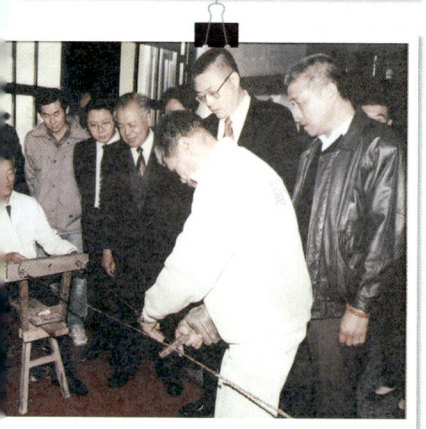

師傅在三樓文物館示範古早綁繩
（傅秋霞提供）

活動中心土風舞班 2
（傅秋霞提供）

(十)傅有舜的社交活動

69.10.12 縣長與新竹首長訪義民廟（徐秀貞提供）

傅有舜代表新竹同鄉會獻旗（徐秀貞提供）

新竹同鄉會鄉親欣賞山歌（徐秀貞提供）

高雄客家文物館落成大合影（徐秀貞提供）

傅有舜在高雄客家文物館（徐秀貞提供）

傅有舜在三民區褒忠義民廟（徐秀貞提供）

傅有舜在高雄客家文物館主祭
（徐秀貞提供）

69.10.12 縣長與新竹首長訪義民廟（徐秀貞提供）

傅有舜在青年會與李銘興理事長
（李銘興提供）

傅有舜在客家民謠聯誼會致詞
（李銘興提供）

傅有舜參與客家青少年研習營
（李銘興提供）

傅有舜參與客家親子夏令營
（李銘興提供）

照片集錦 | 69

第一屆客家歌謠班成果發表會
（李銘興提供）

第二屆客家歌謠班成果發表會
（李銘興提供）

傅有舜在客家青少年營致詞
（李銘興提供）

傅有舜與客家青少年營同樂
（李銘興提供）

傅有舜在義民節客家歌唱會致詞
（李銘興提供）

傅有舜在義民節客家歌唱會致詞
（李銘興提供）

與客家青年會第三屆會員合影
（李銘興提供）

參與客家歌謠班第二屆成果發表會
（李銘興提供）

客家歌謠聯誼會大合影
（李銘興提供）

客家歌謠聯誼會與得獎者合影
（李銘興提供）

與陳水扁總統合影於客家圖書館
（李銘興提供）

傅有舜、吳敦義市長與廖松雄合影
（李銘興提供）

照片集錦 | 71

91年客家親子夏令營大合照
（李銘興提供）

傅有舜在客家圖書館前放天燈
（李銘興提供）

傅有舜在客家青年會勉勵大家
（李銘興提供）

傅有舜在客家親子夏令營勉勵大家（李銘興提供）

102.10.17在青年會宣布大會條例
（李銘興提供）

傅有舜在青年會聽取簡報
（李銘興提供）

在青年會與得獎者合影留念
（李銘興提供）

傅有舜在青年例會上期勉大家
（李銘興提供）

傅有舜在青年例會上致詞
（李銘興提供）

與青年會理事長在褒忠義民廟廣場（李銘興提供）

與青年會夥伴合影
（李銘興提供）

在青年會活動擔任評審
（李銘興提供）

照片集錦 | 73

102.12.27 在客家文物館前致詞
（李銘興提供）

會後與家人合照於客家文物館
（李銘興提供）

客家圖書館前大合照
（李銘興提供）

客家圖書館前大合照
（李銘興提供）

世界客屬大會宣讀致電文
（李銘興提供）

攝於桂林疊綵山上（李銘興提供）

葉菊蘭接受鄧崑耀贈送紀念品
（李銘興提供）

91.3.19 大陸經貿文化交流協會
來臺（李銘興提供）

88.10.25 與蕭萬長院長在義民廟
（李銘興提供）

全體委員於文物主題館內壁畫前
（李銘興提供）

91.12.3 陳水扁總統主持客家事務座談（李銘興提供）

王文正局長接受「嘉惠客家」匾額（李銘興提供）

廖松雄頒贈紀念品（客屬第二屆）（李銘興提供）

執行長傅有舜事務報告（李銘興提供）

高雄市客家文物館落成啟用典禮（李銘興提供）

87.11.22 客家文物館前合影
（李銘興提供）

88.12 蕭萬長院長蒞臨褒忠義民廟
（李銘興提供）

客家文物館落成典禮客家大佬剪綵（李銘興提供）

照片集錦 | 77

（十一）傅有舜的居家生活

傅有舜夫婦參加活動留影
（傅秋霞提供）

難得的休閒騎腳踏車（傅秋霞提供）

84.1.1 傅家 20 世代姊妹會第一次聚會合影留念（作者翻拍）

傅有舜夫婦在聚落的活動留影
（傅秋霞提供）

傅有舜與大姊和妹妹合影（作者翻拍）

傅有舜夫婦陪同參觀三樓文物館
（傅秋霞提供）

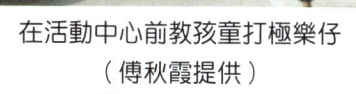

在活動中心前教孩童打極樂仔
（傅秋霞提供）

70歲空大畢業與妻在宅前合影（傅秋霞提供）

參考書目

曾玉昆,1997,《高雄市各區發展淵源(增訂版)》。高雄:高雄市文獻委員會。

傅景燈,1994,《傅氏族譜》。高雄:自行印刷。

《高雄市客家族群史研究》,(高雄:高雄市客家群史,1990),頁 80-83。

傅有舜,2003,《高雄市客家人文史之研究》。高雄:高雄市客家文化事務基金會。

/ 附　錄 /

附錄一　龍子里歷屆里長初卸任年月

歷屆里長初卸任年月

1. 徐怍先生 35 年 3 月（改制前第一屆）

2. 傅有慶先生 37 年 3 月（改制前第二、三屆）

3. 張錦松先生 42 年 7 月至 58 年 5（改制前第四、五、六、七、八屆）

4. 梁家鈺先生 58 年 5 月至 62 年 10 月（改制前第九屆）

5. 張錦松先生 62 年 11 月至 75 年 7 月（改制前第十、十一屆暨改制後第一屆）

    民國 68 年高雄市改制後迄今，共有八次里長選舉，包括：70 年里長增補選舉暨第一至第七屆里長選舉

6. 傅有舜先生 75 年 8 月至 91 年 7 月（第二屆至第五屆）

7. 陳進豐先生 91 年 8 月至 103 年 12 月（第六、第七屆及高雄縣市合併後第一屆）

8. 王熒鳳女士 2014 年 12 月 25 日至 2018 年 12 月 24 日（高雄縣市合併後第二屆）

9. 蘇彥傑先生 2018 年 12 月 25 日（高雄縣市合併後第三屆至迄今）

附錄二　　傅有舜先生個人簡歷表

傅有舜先生個人簡歷表

一、出生：

民國 17 年 2 月 8 日出生於彰化縣

民國 27 年遷移高雄市

二、學歷：

1. 日據時代，高雄市旭公學校高等科畢業（現三民國小）
2. 高雄市私立建工商工補校高商部畢業
3. 國立中山大學企業經理進修班結業（一年期）
   國立中山大學企業經營專題研究班結業（一年期）
4. 高雄市空中大學文學士（外文系日語組）

三、經歷：

1. 聯勤第二龍服廠成本會計員 14 年
2. 高雄醫學大學附設中和紀念醫院會計主任 23 年、秘書 1 年
3. 高雄市鼓山區龍子里里長 4 任（16 年）、高雄市鼓山區龍子里社區發展協會理事長 2 任
4. 高雄市褒忠義民廟管理委員會：秘書（民國 66-70 年）、信徒代表（第一屆）、委員（第四屆）、常務委員（第五屆）、顧問（第六屆至今）

5. 高雄市新桃苗同鄉會：秘書長（改制後第一、二屆）、理事（第三、四、五屆）
6. 世界客屬總會高雄市分會：秘書長（第二及第六屆）
7. 財團法人高雄市客家文化事務基金會：董事（第一屆）、執行長（第二屆）
8. 行政院客家委員會：曾任第三屆委員（94-96年）、現任諮詢委員（98-現任）
9. 高雄市鼓山區公所調解委員會：委員（95-99年）、調解委員會顧問（100-104年）
10. 中華民國褒忠義民廟聯誼協會：總幹事、顧問

四、事蹟：

1. 67年間規劃高雄醫學大學附設中和紀念醫院「會計制度」經呈報財政部核准實施
2. 79年里長任內向高雄市政府爭取補助興建「民眾活動中心」及四樓龍子天公廟、三樓之文物館陳列室，發揚社區傳統文化
3. 85年向吳敦義市長爭取補助補助興建「高雄市客家文物館」及蒐集文物，發揚客家傳統文化
4. 87年向謝長廷市長爭取補助設立「客家文化圖書館」及蒐集古代書、畫刊
5. 編輯《高雄市客家人文史之研究》專刊

6. 編輯〈高雄褒忠義民廟建廟 65 週年〉專刊
7. 翻譯日人原著作者《高木桂藏》一書〈華僑的先祖客家的秘密〉（義民廟 65 週年專刊第 48-52 頁）
8. 協助黃啟川主任委員創辦中華民國褒忠義民廟聯誼協會報銷內政部核准
9. 90 年榮獲內政部「特優里長獎」
10. 91 年榮獲行政院客家委員會「推行客家事務卓越貢獻獎」
11. 94 年榮獲高雄市政府「客家事務卓越貢獻獎」
12. 96 年榮獲高雄市政府「客家事務卓越貢獻終身榮譽獎」
13. 100 年榮獲高雄市長「鼓山區調解委員調解成立業績效卓著獎」

（以上資料由傅秋霞提供）

附錄三　高醫通訊報導文章

敬愛的會計先輩——傅有舜先生

（高醫會計室　戴天亮主任）

刊登高醫院內通訊 NO.509　　　　　　　　出刊日 2019.04.01

民國 73 年進入高醫附院，會計室當時員工有七位，傅有舜主任坐在主任室小房間，那張古色古香的木製辦公桌黑的發亮，傅主任戴著黑框眼鏡，留著西裝頭，一副不苟言笑、道貌岸然的模樣，這是我對傅主任粗淺的印象！相處一段時日後，傅主任拿了一本紅橘色的會計制度給我看，又秀了一張高雄市稅捐稽徵處的公文說：「這張公文是對會計室的肯定！」我看了一下公文寫著，「貴院申請為會計記錄完備之醫院乙案，經奉財政部 67.12.8 台財稅 38 168 號函核定，請查照。」

我頓時驚訝萬分，民國 67 年那個時代可說是百廢待舉、民生凋敝、附院的財務也是捉襟見肘，傅主任竟然能編製一本會計制度，而且得到財政部的核定，自此，我對傅主任的專業與用心至為感佩。

與傅主任相處愈久，就愈覺得他除了會計專業外，在人際關係上更讓人刮目相看，平素常有一些政治界的民代，上至監察委員，下至市議員都來拜訪他，還有一些政府官員也是他的座上客，由於交遊廣闊，學校和醫院碰到一些棘手問題，也都請他出來處

理，記得有幾件外購儀器卡在海關，都是傅主任去奔走才得以放行，醫院難免有一些醫療糾紛，有好幾件都是傅主任透過私人關係擺平的，在我的心目中，覺得以傅主任的能耐與政治手腕，應該去當公關主任更為適合！

傅主任除了編制會計制度外，他也重視成本觀念，因此在他主任任內就開始著手成本制度，每月提供成本報表給各部門參考，雖然以現在眼光來看，當時成本制度較不細膩，但當時客觀環境敢提供成本報表給各部門，就需很大勇氣，且要經得起各科主管的質疑與挑戰！

與傅主任聊天時，他常提到以前民眾大都沒保險，看不起病，因此附院醫療收入很不好，有時需學校拿錢來補貼附院，員工也曾借三天薪水給附院。在那段慘澹經營的日子，員工們真的是刻苦耐勞、不計成本辛苦付出，同事們相處也融洽、互相幫忙、內心力強，對附院頗有認同感。

傅主任說：「員工是事業的基礎，只要員工肯一起打拼，附院絕不會倒的！」他也特別提到陳振武院長的高瞻遠矚，在附院營運最困難的時候，竟然向董事長爭取員工大幅調薪，理由是有合理的薪水才會激發員工潛能、願意為附院打拼，傅主任欣慰的說：「後來證實當時陳院長的理論是對的！」

傅主任除了當會計主任外，還擔任四屆的龍子里里長（當時里長沒有薪水可兼任）。擔任里長期間，爭取大筆經費為龍子里蓋了活動中心，最上層是天公廟，二、三層是展示館，為了充實

展示館的展覽品，傅主任常犧牲假期到臺灣各地去收蒐集農業時代留存下來的古物。我跟傅主任說，我家有一台廢棄的龍骨車（水車），沒想到那個星期天，傅主任就請人去載回來整理。

由於傅主任能力強、人脈廣、做事積極，很得陳振武院長信任。有一次高雄總工會認為附院掛號費收費太高，應該降低掛號費金額，否則會動員勞工來包圍附院，高雄總工會的大動作讓附院如臨大敵，陳振武院長乃請傅有舜主任負責本案。

於是，傅主任邀總工會派代表來院協調，地點在舊棟二樓研究室（以前院務會議開會地點），我也有幸參加，總工會大陣仗的派了三、四十位代表，研究室坐得滿滿的。那些代表會議中炮火四射，語氣咄咄逼人，見過世面的傅主任不亢不卑的詳述準備好的掛號費成本分析，他說：「掛號費不是掛號那麼簡單，還牽涉掛號、輸送、病歷調取人事成本，電腦軟硬體作業成本、水電及空間管理成本，如此算起來掛號成本超過 50 元甚多，所以 50 元掛號費算打折扣了！」聽取傅主任的成本分析後，總工會理事長覺得理虧，語氣也放軟下來，改以拜託的口氣說：「不然就以貴院院慶名義降價優惠一週，讓我們有個交代！」傅主任仍不為所動說：「附院重視的是醫療服務品質，讓病人有好的醫療品質最重要，區區幾十元掛號費不是很重要！」後來總工會不再堅持掛號費降價。這場掛號費危機就在傅主任以理服人及勇於面對下圓滿落幕，我對傅主任臨場表現的氣度與風骨敬佩不已！

後來蘇瑞雄教授擔任學校院長（當時尚未改制），調任傅主任為附院秘書，我遞補會計主任缺，傅主任以長者的風範對我交

代兩件事情：第一件就是不能犯法，第二件就是不能貪污。他說：「會計室是監督單位，必須超然獨立、操守端正，本身要做的正，才能得到別人尊重！」我永遠記得傅主任語重心長的話，我從80年度擔任會計主任後，一直恪遵且身體力行！

傅主任離開職場一、二十多年，有時去看他，雖然他行動不便，但談話間仍有以往的氣度與風範，傅主任有感而發的對我說：「我沒看錯人，會計室在你的帶領下那麼有向心力、同仁相處感情那麼好，我很欣慰！」傅主任這句話讓我感動萬分，久久不能自已！

有一次傅主任打趣說：「我是傅（副）主任，你是戴（代）主任，一個是副的一個是代的，會計室從來沒有過『正』的主任。」我會心一笑！

附院輾轉間已過六十寒暑，對於傅有舜主任這位一生奉獻高醫的長者，我覺得應該替他做些什麼事，思索再三，把他在附院的事蹟介紹出來，是給他最好的禮物！

民國99年會計室忘年會，會計室前主任傅有舜前排右三（高醫會計室戴天亮主任提供）

走過高醫內憂外患艱困歲月的傅有舜

（高醫紀念特刊　文／李建寧）

刊登高醫院內通訊月刊

今日的高醫人恐怕很難想像，像高醫如此規模的醫學中心，也曾有過需錢孔急，必須跑三點半軋支票的時候！說起這段三十六年前的「心酸」過往，掌管財務的前會計主任傅有舜感受最深。他說：「當時就連懇求銀行通融、寬貸一天都遭拒，讓高醫人倍嚐社會現實、人情冷暖，卻也因此激發起高醫人的鬥志與士氣」，「當時，全院上下無不團結一心，努力奮鬥的要把醫院給帶起來，多年後，終於能轉虧為盈、揚眉吐氣。」說起這段歷史，傅有舜臉上揚起了驕傲的微笑。

若將高醫的成長分成三個階段，第一階段：民國43-50年（1954-1961）即是「草創時期」。第二階段：民國51-60年（1962-1971）為「整合時期」。第三階段：民國61年（1972）之後為「發展時期」。前會計主任傅有舜是在第二階段末（1972年），正式加入了高醫這個大家庭，一直服務到民國81年（1992）退休，前後共二十四年的光陰。

「我剛到高醫服務時，正好是醫院面臨嚴重內憂外患之際，內憂是各層人事意見分歧、彼此互相猜疑，員工待遇微薄、士氣低落，外患是醫院經營不振，導致財務困難。」當時情況有多糟呢？傅有舜舉出自己在高醫最難忘的一件事。他說，在民

國60年（1971）間，也就是他接任會計主任不久，有一天下午，他突然接到某家銀行的高雄分行來電告知：「你們醫院的存款不足六萬多元，必須即時補足，否則就要退票。」他聽完電話之後，一再的請求銀行墊借一天，並表示願付高額利息，但銀行仍是不買賬。

或許你會問，這區區的六萬元怎麼會拿不出來呢？傅有舜解釋說，三十多年前，高醫一天的營收不到六萬元，況且當時醫院負債達一千八百多萬元，全年營收入不到二千萬元，可說是年年處於虧損邊緣，因此銀行才會認定高醫財務可能出現危機，拒絕寬貸。

「身為會計主任，我必須一肩扛起，盡快解決財務問題。」傅有舜當時苦思無策，於是趕緊回家向左鄰右舍借錢，好不容易籌足二萬多元，再趕回醫院從出納小姐金庫內將所有待領薪資袋中倒出現金，勉強湊足六萬多元，派人送還銀行了事。他說：「經歷此事深感人生冷暖，世態炎涼，也體會到『有錢走遍天下，無錢寸步難行』這句話。」傅有舜一再強調：人絕不能窮，團體亦是如此。

傅有舜先生對會計制度建立不遺餘力，他引以自豪的說：「民國67年（1978）一手制定的會計制度，讓附設醫院獲財政部核定為『會計記錄完備正確之醫院』。」自此，附設醫院所開立之收據均能列報抵稅。

另一件讓傅有舜印象深刻的事，是發生在民國75年

（1986）間，當時醫院訂購進口醫療器材，都是以高雄醫學院教學、研究之名義申請，即可享受免稅優待。但當時有一批器材被高雄海關抽查後，以「有變更其用途安置於醫院使用，且病患使用必須付費」之理由，認定高醫有漏稅之嫌，開罰八十多萬元。當時傅有舜即認為海關裁定不合情理而向財政部提出訴願。

傅有舜當時提出二點具體理由請求海關撤銷原處分，一、依據高雄醫學院的教學過程分為基礎教學與臨床教學兩個階段，分別在學校與醫院上課，所以醫院就是臨床教室不宜以單純之醫院視之；二、病人就是教材，不宜以單純之患者視之。這論點獲得財政部官員的認同而同意撤銷罰款，不僅是為高醫打贏了一場漂亮的訴願，更開創醫界先例，讓日後其他醫院面臨類似案件時都可以比照辦理。

走過高醫慘澹經營、內憂外患的那段歲月，再看到今日成長茁壯為南臺灣醫學重鎮，能與臺大、榮總等公立醫院同列醫學中心之林，傅有舜除感嘆韶光荏苒，歲月如梭外，也

傅有舜（高雄醫學大學附設中和紀念醫院財務室主任許芳益先生提供）

對自己在有生之年能夠看到高醫快速的發展及成長,感到非常的高興與欣慰。「我們不能以現狀為滿足,應不斷研究發展,開創高醫更高的價值,並肩負回饋社會責任,才能在激烈的競爭中,立於不敗之地。」這是退休十多年的傅有舜,對高醫五十歲生日的祝福與期許。

附錄四　人物訪談

1. 傅○霞

目前居住在三民區，但每月初一、十五固定會回龍子里天公廟拜拜，這次得知我讀高師大客文所後，陸續提供我很多珍貴照片及傅有舜生前手稿。傅秋霞接著回憶訴說著記憶中的父親。

> 父親一向很重視子女的教育，雖然當時家裡務農，很需要人手幫忙農務，加上經濟條件也不好，且子女眾多，一家十口人的擔子難負荷，但他從不忘提醒子女，只要肯認真讀書，又願意讀，再苦借錢也給子女讀書，所以我們五個姊妹也因父親的明智，都有讀書才有翻轉人生的機會。父親是標準的上班族，雖然每天上班很忙碌也很累，但他下班後也得到田裡幫忙務農，為改善家庭經濟，也曾嘗試著養飼料雞，家裡也開雜貨店，店由媽媽一個人打理看顧，他則利用上班午休時間趕赴公賣局申購菸酒進貨事宜。這樣日積月累的忙碌生活，也從未見他喊累過。
>
> 記憶中最深刻的是，他在中年時就讀當時的建功補校高商部，完成年輕時期失學的不足，這也是我們子女的身教最佳典範。後來為了地方上的發展，在里民的推舉下當了四屆里長，也改變了地方上的發展，帶動農16地帶的繁

> 榮。在里長任期時，適逢高雄市政府推行主權在民的政策，培訓里長學電腦，父親雖然年紀大了，但向學的精神與毅力頑強，參加首梯次里長電腦培訓課程，讓當年的主辦業務中山大學吳英明教授稱奇讚美有加。
>
> 村庄上的客家天公廟每年的祈福與完福祭典儀式，都是由他主導主持，後來年紀漸老後，他也極力培訓接班人接手，達到傳承地方文化的任務。三民區的褒忠義民廟他也極盡所能的幫忙協助整理廟務資料，也大力協助內政部完成全國客家義民廟祭典儀式示範禮儀──三獻禮。

聊天中得知傅有舜一生為客家文化傳承奔走，創立了龍子里天公廟、文物館、活動中心造福里民，對同盟路客家文物館創館也不遺餘力，也多年參與三民區義民廟廟務管理，鞠躬盡瘁，沒想到終老時卻選擇以基督教儀式離開，這讓周遭很多人不得其解，也讓眾多親屬們錯愕不已。但經傅秋霞巍巍道出原由後，背後真實原因其實是：

> 父親雖為客家文化奔走傳承，接觸的也是佛教與道教。但其晚年卻致力於研究生死學，且開始時是由母親先接觸基督教的，民國107年3月11日母親走時也以基督教儀式辦理，父親覺得儀式隆重莊嚴又簡單省時，也很符合自己

> 不麻煩人的個性，所以自己並未告知子女即已於民國108年1月15日入信；加上後期生病後只能輪椅代步，對一向體面的父親來說，更不希望外界人看見自己如此的模樣，所以也因此拒絕很多不必要的訪客，但唯獨只接見高醫會計部門的同事，足見其與高醫會計部門同事的深厚友誼，宛如家人。後期每星期幾乎都是教會牧師來帶他去教會做禮拜的。當下的他心情倒也平靜快樂。很自然的於民國109年1月15日離世時，也以基督教儀式走完其一生。所以才讓外界對此有很多的揣測，其實並無特別含義，只是單純因父親已先參透生死輪迴罷了。雖說父親臨終前有交代，後事隆重簡單即可，除了兄弟那邊的親屬外一律不通知外人，但晚期病床上看得出其心裡上還是很掛念高醫會計部門的同事們，為了讓父親走的了無遺憾和牽掛，所以喪禮也只知會了高醫會計部門的同事。

傅秋霞回憶說出這段不為人知的小秘密。

2. 許○益

因之前傅有舜的離世，我曾在網路上看過高醫對其評價的文章，所以這次田調才興起我對傅有舜的好奇。於是主動打電話給高醫會計部現任許主任，一來想多了解傅有舜在高醫的事蹟，二

來也想回顧一下之前看過的文章。其實我跟許主任是第一次謀面，真的很感謝許主任的大力幫忙，主任得知我的到訪來意後，不僅提供了兩篇有關傅有舜當時在高醫擔任會計主任時的報導文章，也叫來了住龍子里的部屬，其中一人便是龍子里天公廟總幹事黃承忠的女兒，希望對我的訪談有所幫助。雖然當下主任業務忙碌並沒有多談什麼，但感受得出傅有舜當時在高醫的地位，及在他們心中的崇高地位，是無人可取代的。也很感謝許主任的大力幫忙，讓我得以順利訪談到已退休的會計部戴主任。

3. 傅○發

我是民國40年（1951）出生的，也是在地的凹子底村民，從出生一直都住在這裡，與傅有舜是堂兄弟關係。我父親是民國前6年（1917）生的，我們是屬於北客南遷的一群，只是真正什麼時候南遷下來高雄的就不是很清楚了。只知道我們是從桃園搬到彰化的二林，

傅景發，111.5.24 攝於傅景發家中（作者拍攝）

後來才又南遷高雄的，家姊是民國29年（1940）出生的，也是我們家第一個在高雄出生的。早期村里大都是務農的，農作物主要是種稻米，兩期之間會種一些地瓜、香瓜、菜之類的農作物。在那個時候，大約民國50年（1961）的時候，一分田要一、兩百元，當時買了六分田，都是愛河邊的崁頭田，雜草重生沒人要耕種的，在那個時候大都是佃農，幫人做工，而且這邊的田也不好，放水又困難，到最後乾脆幫人耕種。直到三七五減租的時候才領到田，頭擺晚上都要去巡田，要一直走到水源頭那片去放水的，日時頭大家都要用水會沒水，暗晡頭正有水，故所正講係水尾田，只能趁晚上的時候去放水，因此若很睏時，幾乎都會睡在田埂上，日時頭又要嘎等做事，正經當累。

在村里家家戶戶都有養豬、雞、鴨，也有養牛，幾乎每戶都會養個一、兩頭，多的會到三頭，大部分都是水牛用來耕田的。放牛也會放到內惟埤那片。到民國50-60年代時已機械化，就改用耕耘機耕種，村里有耕耘機的沒幾戶，所以，就會幫忙其他吃頭路个人耕田。在凹子底以前唐榮磚廠會挖這邊的黏土去做磚，挖久了就有很多坑洞，村民就利用這些坑洞來做魚塭養魚。40-50年代，以前的天公廟後面這邊都是魚塭，大約有5、6公頃，也都是客家人用來養魚的。

現在的村落都是一些老人居住著，年輕人都搬到外面

去了,凹子底最繁榮時應該是活動中心的落成。傅有舜在任期里長時,為聚落做了很多事,三樓文物館成立時,需要很多的客家古物,當時我和黃承忠跟著傅有舜南征北討的,就是為了收集客家古物。民國84年(1995)首辦傅家姐妹會,凝聚傅家團聚美好時光,以辦喜事方式連辦了四年。我一生務農,現已退休在家,目前則以活動中心為最主要生活圈,每天下午3點半過後,會到天公廟與里民下棋,其生活安然自得,也會參加活動中心每星期一的老人活動,生活規律自得其在。

4. 黃○忠

　　我們家跟傅家應該算是凹子底聚落最早期的住民,我們都是來自北部的客家人。剛到凹子底時,一開始其實是沒什麼人的,只有在新庄仔舊城國小那邊有住一些人,而凹子底在光復前大概也只有40幾戶人,而且80%以上都是來自北部的客家人。早期的凹子底周遭有種很多的綠竹、林投跟刺竹,刺竹村民大都會鋸起來做竹排,用來渡河用。因為以前這裡沒有橋,只能撐竹排或拉繩子慢慢到對岸,再用跑的去三民國小上學,所以每次只要下大雨河水上漲,就過不了河回不了家,只能暫借住在同學家。

當時的愛河上游屬於淡水，而高雄港進來的那邊卻是海水，凹子底與龍水這邊剛好是淡水與鹹水的交接處，所以會有很多魚從高雄港游進來，小時候在岸邊可以很輕鬆的釣到很多魚，也有村民會用魚網去網魚。那時的魚很多且各種魚都有，在夏天會有鯽魚、鱧魚、鰻魚、蝦、螃蟹，到冬天時還會有黑鯛、烏魚和紅槽等等，因此有些村民沒耕作時，就會專門去捕魚來賣。

　　凹子底村民大都是務農的居多，所以我們的灌溉水源，東片析係在蓮池潭那流到竹圍溝再流進愛河，西片析係在內惟埤，還有現在的高等法院高雄分院那裡，有一個東西向的二圳溝，三圳溝就係在這下个農16那片。日據時代因為戰爭，每天都有空襲，一直炸個不停，到處都被炸出很大的坑洞。所以那時由傅新華（傅有舜的父親）、傅有榮（傅景發的父親）、黃坤金（我的父親）一起帶領全村祭拜天公，祈求全村平安，所以村里大小平安沒事，從那時起大家就拜天公延至今日，年初正月十五的時候祈福，年末冬至的時候完福，感謝天公一整年的庇佑，一直延續了五十幾年全村都是這樣拜的。那時候沒有廟，我們都是集中在傅景發老屋禾埕一起祭拜的，後來因傅有舜在當里長期間，爭取活動中心後，才有現在的天公廟。

　　到大約民國50-70年（1961-1981）間時，林商號與亞洲合板從東南亞進口原木，利用愛河運輸原木，把這裡當

成蓄木池,因此,整條愛河的河道上滿滿的都是木頭,因為木頭浸在水裡經太陽一曬就會開始產生一些化學反應,造成水質變化,因此整條愛河都很臭,水裡也沒什麼魚了。記得有次下大雨的時候,因為木頭漂到中華路那邊,堵住出水口,導致凹子底這邊淹大水,那次整個村淹得很慘。

傅有舜在村裡是一個熱心公益的人,所以大家推派他出來當里長,在他任內的四任里長內,應該是凹子底進入繁榮的階段,尤其是活動中心成立時更是凹子底的全盛時期,當初會把天公廟建於四樓,是因更接近於天之意,三樓的文物館成立之初,傅有舜、傅景發及我都參與其中,南征北討的就為了收集更多的客家古物,我法院公務員退休後,即協助傅有舜管理龍子里大小事,負責天公廟刊物編輯、重大廟會慶典擔任主祭文導讀,及文物館參訪講解。

在當時由附近學校預約參訪,完全免費,如明華國中、龍華國中、龍華國小等及幼兒園,全由黃承忠一手包辦。全盛時期還有廣告及宣傳文宣,盛況可窺知一二。晚期礙於場地關係,參訪盛況已不再,漸漸地文物館嚴然成了蚊子館。

5. 傅〇堂

我是昭和 7 年（1918）也就是民國 7 年出世个，九個月就沒阿姆，從細跟著二伯母到四歲，包尾又到彰化二林由阿婆照顧，到六、七歲時二伯南下到高雄瞨地耕田，正跟著二伯來到高雄凹子底，那時的凹子底沒什麼人，只有幾戶人家且大都是北部南下的客家人居多。日本時代戰爭，每天都有炸彈在天頂飛過，因為當時還細根本就無知驚，有時節細人仔還會坐在桿棚項，搖來搖去不知驚，顛倒大係恂到就會驚。

傅玉堂，111.4.5 拍攝於傅玉堂家宅客廳（作者拍攝）

你知道為什麼叫凹子底嗎？因為凹子底本來就地勢比較低窪，後來唐榮磚窯廠又挖這邊的黃土去燒磚塊，漸漸地整個地勢就更凹陷了，所以才叫凹子底。聽到這突然宛然一笑，原來老人家也這麼的幽默。老人家繼續訴說著：以前生活條件就很差，哪有錢分細人仔讀書，我算幸運的還有讀到一年的書，但以前我們受的是日本教育。二十一

歲正結婚个，以那時的環境來說已經是很晚婚了。嫁的也是北部下來的客家大家族洪家，我老公是排行老四，家裡大小事都由大伯做主，我自己育有三女四男七個子女，加上我先生四兄弟大夥房。早期家中糧食常不夠吃用，寅吃卯糧，總係愛用借个，田地皆種稻，青黃不接時，還好我還有一個大我九歲的姊姊傅桃妹，姊姊嫁給三民區的謝家，也是北客南遷的大夥房客家人，但姊姊家因為早早已分家，雖然子女也眾多但卻沒有大夥房人的限制，所以姊姊家常會做一些客家傳統美食，菜包、包子、打粄等美食，就會要我帶小孩們過去一起品嚐美食。在那個年代這可說是細人仔最快樂的時光。

　　傅有舜是我的哥哥，從小他就是一個好學的人，喜歡幫助別人，熱心公益，父親常說要不是因為家裡窮，他絕對是一個很有成就的人，只能說生不逢時。早期的凹子底由父親和幾位耆老帶領村民祭祀天公，躲過日據時代的炸彈，祈求全村民平安。而後期的凹子底由傅有舜當里長時為村民爭取福利，建設活動中心與天公廟，從一個沒落的客家聚落變為現代化的客家村，只是隨著環境與時代的變遷，年輕人都搬出去了，留下的卻是一些的老人駐守聚落，絕代風華不再，如何留住個這高雄市僅存的客家聚落，值得後輩後生人的反思。

6. 蘇○傑

　　從民國107年（2018）至今是現任里長，行事作風年輕化。民國75-91年間，傅有舜里長任內時，活動中心的管理上，完全是客家人的風範，連課程安排上也是跟客家有關，現任里長是閩南人且是年輕人，接任後改走閩南風格，且活動中心因結合社區關懷據點，目前學員都是65歲以上長者，共有二十位長者皆為福佬人，只有主委與廟祝太太是客家人。

　　活動中心的課程安排以兩個月為一期，有動態的健身操，也有靜態的手作課程，讓長者除擁有健康身體外，也可訓練長者的手部靈活度。且不斷的推出新課程外，有時還會安排消防隊過來指導長者家庭用火須知；有時也會請警察局來協助教導長者如何防詐騙常識；或結合電信業者來教導長者如何使用3C手機，目的讓長者不被社會淘汰。其課程多樣性與豐富內容，希望長者更能與年輕人溝通，與社會不脫節。里長的用心是值得肯定的。因為這裡本是客家村，所以里長也會入進隨俗學簡單的幾句客語，增進與村民的互動。

7. 鍾○榮

> 我也是北客南遷，目前租房子住在龍子里附近，住處離天公廟只有五分鐘路程，因太太一直都是活動中心會員，

因緣際會下當上天公廟的廟祝,在我之前有兩個,所以,我算是第三任的廟祝,我在這裡也已快三年了。

平時夫妻倆早上會一起整理天公廟周遭環境,整理完畢太太即先行回家,我則早晚敬茶、上香,平時沒什麼事也沒什麼人,只有每天下午三點過後,會有里民上來聊天、泡茶與下棋,因此,我每天都是五點即離開。只有每月農曆初一、十五會有里民上來拜拜,每年最熱鬧的時候是天公生日,也是農曆元月初九,這是龍子里一年一次的最大盛事。往年熱鬧拜拜完都會由主委太太煮湯圓請大家享用,自從疫情後熱鬧不再,也少了那份溫情,希望疫情趕快結束,大家可以回到原來的生活。

8. 徐○貞

我是高雄褒忠義民廟的首任會計,因義民廟一開始並沒有會計職缺的。當時是接一位葉小姐的職缺,其實我很早就在義民廟工作了,猶記當時大約27至28歲左右,從那時工作一直到現在。因當時義民廟的成立初期,並沒有很完整的帳目紀錄,也很克難,所有的廟內帳目都是從零開始的,且信徒都是當時務農的客家人,要找到會文書能

力的人是難上加難的。恰巧此時的傅有舜是當時高醫的會計主任，自願承擔此重要任務。因此，義民廟的帳目就是由傅有舜一筆一筆教我，慢慢建立起來的，到如今的廟內帳目能井然有序，傅有舜是最大的功臣，其功不可沒。

高市褒忠義民廟會計 徐秀貞 112.9.11 拍攝於褒忠義民廟辦公室（作者拍攝）

　　傅有舜當時雖然任職於高醫，但只要有空都會幫忙褒忠義民廟的廟務，從早期的建廟開始，舉凡廟內慶典的三獻禮也是由傅有舜一點一滴建立起來的，漸漸的才有比較正式的慶典禮儀，陸續也幫義民廟把廟內帳目整合成一本完整的帳冊，統合捐款者芳名錄，甚至把高雄市新竹同鄉會歷屆理監事名錄整理成冊，因此發行了每年的廟內手冊，刊物內容呈現委員會的成立章程、褒忠義民廟的簡介、每年的慶典活動照片、當時賽豬公的得獎名單，以及每期香客的捐款芳名錄等。傅有舜也兼任廟內秘書，在位期間也陸續為褒忠義民廟出版期刊。在幫忙義民廟的同時，也為高雄市桃竹苗同鄉會成立初期做很多的文書處理。所以，在早期不管是褒忠義民廟還是高雄桃竹苗同鄉會，在文書

處理方面,傅有舜可說是最大的功臣。

褒忠義民廟一開始的祭祀三獻禮也是由傅有舜包辦的,一直沿用至今,後來北部義民廟也特地南下來學習此義民祭典儀式,高雄市政府客委會更把整個流程錄影留存為範本。傅有舜是客家的楷模,一生無悔奉獻客家,雖然離開了我們,其精神永存人們心中。

9. 戴○亮

7月15日(六)與戴主任相約高醫一樓大廳見,初見主任有種溫文儒雅、氣宇軒昂的氣度,這是我對主任的第一印象。主任引我至一處走廊人不多的地方,坐下後聽主任侃侃而談,根據戴主任的描述:

忘年會合影(前高雄醫學大學附設中和紀念醫院財務室戴天亮主任提供)

> 傅有舜是一個政治人脈寬廣的人，認識的人都是一些政治界的大人物，如前總統李登輝、吳伯雄、蘇南成、謝長廷、黃啟川、張榮顯、黃柏霖、民國78年至81年（1989至1992）的臺灣省建設廳長李存敬（後任高醫董事）、監察委員施鐘响等。所以，時任高醫的會計主任傅有舜，常有一些政治人物的造訪高醫，大家見慣了也就不足為奇了。

緊接著戴主任說道：

> 傅有舜是一個專業人才，也是一個很正直的人，樂於幫助人但卻不苟言笑的人。在傅有舜即將要退休的前五年，為了找尋可以接高醫會計主任一職的人，其實以當時傅有舜在高醫的成就與人脈，他大可直接推薦一個自己的人，但傅有舜反而沒有這樣做，而是建議院長：「當一個高醫的會計主任一職，猶如院長的左右手」，所以提議院長應採考試制度來招募人才。也因為這樣，民國73年（1984）我是第一屆經過考試進高醫的，在當時我以一個外地嘉義東石鄉下人考上高醫，沒有任何的背景，可見傅主任為高醫舉才的無私胸懷，值得敬佩。我任職期間傅主任為培養我的專業及訓練我的應對能力，很多開會場合常指派我代他出席，授權我可以全權處理，只須開會回來跟他報告會議結果即可。我後來在傅主任退休後能順利接棒，傅主任

的用心栽培時功不可沒。傅主任在退休時送我兩句話，到現在我都還記憶猶新：1.不貪污；2.不做違法的事。我恪遵傅主任的教誨，於任內做事時總是戰戰兢兢不敢違背傅主任的期待。民國75年（1986）時值30歲，在我結婚的時候，傅主任夫婦特地到嘉義的東石鄉來參加我的婚禮，我家是一個極為鄉下的地方，他們夫婦倆風塵僕僕來參加我的婚宴已給足了我面子，在婚宴上傅主任上台致詞說到：「他很欣慰沒有看錯人。」讓我真的很驕傲也很感動。

傅主任雖說是高醫的會計主任，但人際關係與交際手腕更讓人刮目相看。印象最深刻的記得有一次，約在民國75年（1986）間，當時高醫訂購一批進口醫療器材，因稅問題卡在海關進不來，理由是認定高醫有逃漏稅之嫌，開罰八十多萬，當時傅主任即認為海關裁定不合情理而向財政部提出訴願。傅主任當時提出二點具體理由請求海關撤銷原處分：一、依據高雄醫學院的教學過程分為基礎教學與臨床教學兩個階段，分別在學校與醫院上課，所以醫院就是臨床教室不宜以單純之醫院視之；二、病人就是教材，不宜以單純之患者視之。這論點獲得財政部官員的認同而同意撤銷罰款，不僅是為高醫打贏了一場漂亮的訴願，更開創醫界所無先例，讓日後其他教學醫院面臨類似個案時都可以比照辦理。

還有一次院內發生蠻嚴重的醫療糾紛，因有一位麻醉

> 科醫師因麻醉問題造成醫院與病患的醫療糾紛,傅有舜運用其純熟手腕與家屬溝通,終於獲得家屬諒解而達成和解,該位醫師也很感激傅主任的熱心幫忙。讓整件事也能順利圓滿落幕。我不得不佩服傅主任超廣的人際關係與政治手腕,有時感覺傅主任更像是一位公關主任。傅主任的高 EQ 與高智慧也是讓我敬佩不已的,高醫曾發生董事會與學校、校友們對當時高醫設立時,有關捐地給高醫之爭議時,曾經有高層親訪傅主任,問這位資深的高醫老臣的看法,傅主任為免因他的說法造成高醫更尖銳的對立,只回了一句:「因年事已高不記得了。」高超的智慧巧妙地化解了尷尬場面,讓人不得不佩服傅主任的智慧與圓融。
>
> 退休後的傅主任,雖已退休但仍心繫高醫會計室的同仁,所以高醫會計室一年一度的「忘年會」,傅主任每年也一定參加,藉由「忘年會」與高醫會計室同仁餐聚話家常,這種會計室每年闔家大團圓的氣氛,應該是他退休後快樂又期待的時光,高醫會計室同仁也永遠記得這位德高望重的大家長。

10. 陳○豐

> 我是凹子底在地的原住民,從我阿公那時候我們一直

都是住在凹子底的,我本身是念逢甲大學機械系畢業的,原本是自己當老闆從事加工業的,退休後在家,因當時傅有舜已做四屆的里長,後期因身體不好,希望我可以承接里長工作,繼續為村落里民服務,所以我也這樣做了三屆,到我腰部受傷後才辭退里長工作的。

　　早期的凹子底舊部落幾乎都是北部移民下來的客家人居多,有傅姓、鍾姓、方姓、陳姓、黃姓這些都是客家人,還有少數的閩南人,我們家就是典型的閩南人,但大家在相處上,除了語言外倒也融洽,到後來的天公廟成立,也成了不分族群的信仰中心。

　　早期的聚落大家都是務農的,大部分也是水尾田。記得我高三時,政府公地放領後,聚落村民生活才慢慢有改善,民國56年(1967)後整個聚落的生態改變,周遭環境也多了小型工廠、家庭加工業,傅景文家也是在那時賣起早餐與自助餐,當時生意很好,因為那是整個村莊唯一的一家餐飲店。

　　民國90年(2001)後農16開發後,也造就了很多億萬富翁,而原本的聚落則屬農21。凹子底聚落與同盟路的客家文物館只隔著一條愛河,聚落就處於現在光之塔的對面,一開始傅有舜是向政府申請要做一個拱型吊橋的,然後連接客家文物館與村莊,可以做個愛河客家文物走廊的,

但政府礙於經費及種種問題，後來只做了一座便橋，雖然可以讓村民方便往返客家文物館，但始終沒辦法完成傅有舜的完美計畫。我想這應該是傅有舜一生最大的遺憾。

傅有舜是一個好學、能力強的人，在位的四屆里長任內，除盡心盡力地為里民服務外，天公廟的成立到一開始的天公廟祭典，都是親力親為。記得第一次的天公廟儀式，我擔任司儀，黃承忠是總幹事，謝福清是門口打鼓者，而所有儀式古禮都是傅有舜帶領村民進行的。傅有舜也是一個很嚴肅的人，做事投入且凡事一定要做到好的人，其實在里長任內的同時，他也是高醫的會計主任，又是客家文物館的總幹事，一生為客家文化傳承努力打拼。

我是接他里長職務也做了三屆，任內期間除了服務里民，現在過同盟路的龍新橋，就是我任內改建的。而龍子里聚落的建設應該是傅有舜申請蓋活動中心開始，到活動中心的落成，可以說是龍子里最鼎盛時期，尤其是每年的天公生，整個聚落熱鬧非凡，且活動中心幾乎每星期都有不同的課程，三樓的文物館也常有附近學校預約看展，這些都得感謝前里長傅有舜的功勞，他讓一個舊部落活絡起來，也豐富里民的生活。對後輩提攜，故所，他不但是龍子里里民的大家長，也是客家文化的傳承者。

11. 傅○雙

　　日治時代的凹子底是一個很破舊的客家聚落，居住在此的大都是客家人，早期都是以務農維生，生活都很困苦的。整個村庄以傅姓為最大姓，少部分的方姓和鍾姓還有黃姓，和一小部分的閩南人，雖然語言不通，但相處上倒也平安和樂。

　　凹子底地勢本處低窪地帶，加上又臨愛河旁，所以我們的對外交通是靠竹排，也因為地勢低窪，每次只要一下大雨就會淹水。小學我們是讀三民國小的，在我們那個年代沒有書包，書都用一塊大布包起來，也就是俗稱的包袱，若有一雙黑布鞋已算是很奢侈了，通常有黑布鞋的也會捨不得穿，都會把它綁起來直接吊在脖子上，就怕弄髒沒鞋穿，所以都到學校才把鞋子穿起來的。上學我們都是坐竹排，兩邊有繩索的，靠著繩索滑動我們會經過治平橋，就是現在的中華路，這樣一趟大約要 50 分鐘左右才能到對岸，但每次只要一下大雨我們就回不了家，只能暫時借住同學家。國中我們是讀七中，就是現在的鼓岩國小，在學生時代放學時，除了要幫家裡掌牛，就是割草，所以閒暇時我們就會邀伴去捉魚、釣青蛙，忙閒中找樂趣，童年生活倒也無憂快樂。

　　凹子底是典型的農村，除了緊臨愛河，四周荒涼甚至

還有墳墓區，就是現在的同盟路跟中華路那邊，所以後來把那些骨骸挖起來放一起，所以同盟路的萬應公（百姓公）就是這樣來的，因此聚落每年農曆8月4日會作醮，家家戶戶都會請客，目的就是在祈求平安。但隨著環境的變遷，人人皆忙碌，這個習俗也隨之消失。只留每年的正月十五，天公廟的祈福，與冬至的完福，全村到現在都還有的儀式。

　　早期村裡有碾米廠，後期也有自來水，但因交通的不便，都要用小船載米，且大家耕種的都是屬水尾田，巡田水都必須是晚上，累了就睡田埂上，沒日沒夜的工作，沒工人幫忙，全都是要靠人工，大家都是很辛苦在生活的。沒錢時只能用穀換物，所以穀就像我們的黃金。稻期中間會種一些番薯、花生、香瓜之類的農作物。農曆8月15日村裡會做大戲，家裡會炒米粉、打粢粑，很熱鬧的，一開始大家會拜天公是在日治時代，時值因二次大戰，每天都會有炸彈從天空而下，當時由傅有舜的父親（傅新華）、傅景發的父親（傅有榮）、黃承忠的父親（黃坤金）帶領村民祭拜天公祈求天公保佑，早期沒廟都是在傅景發禾埕共同祭拜的，一直延續至今，是全村最重要且最隆重的祭祀活動。

　　我是結婚之後才北上工作的，一直都在永豐餘紙廠工作，後來退休才回凹子底生活至今，傅有舜是我的叔叔，

整個聚落大小事都是他在張羅，一開始他是在高醫當會計主任的，後來退休後也是村民推舉他出來當里長的，從民國75年到民國91年的里長任內，是他一手把凹子底建設起來的，一個客家舊部落在他里長任期內，風光繁榮，尤其是活動中心蓋好後，村民生活水平也提高很多，生活又有重心，他把天公廟的祭祀弄得莊嚴又熱鬧，可說是龍子里客家聚落的特色。成年禮更可以說是高雄市的首創，也是聚落天公廟的驕傲。

他原本還想把聚落與同盟路的文物館做結合的，打造高雄第一的客家民俗村，其實他是一個很有想法且言必於行的人，但因政策與現實問題沒辦法融合時，我想這個民俗村願景應是他這輩子最大的遺憾吧！我很感念他為龍子里所做的一切，他一生不管是為龍子里還是客家文化甚至高醫奉獻，其精神都是我們後生人的楷模，我有這樣的叔叔是無上光榮的。

12. 陳○利

我是在高雄出生的，也是當時稱的凹子底。那時的房子都是三合院，家裡有三個姊姊，7-8歲時讀高雄市三民國

小，當時讀書是要划竹筏到對岸的學校的，讀了半年後轉回中壢國小讀書，民國49年（1960）高中畢業，民國53年（1964）憲兵退伍後，回凹子底耕種，民國53年（1964）結婚，太太是楊梅客家人，育有2男2女。我們一直都是住著三合院的矮房子，到民國69年（1980）2月25日才由方天賜建商改建房屋住，到現在已超過半個世紀了。

住在凹子底的居民當時幾乎是客家人，尤其以傅家為最大姓，還有部分的方姓和鍾姓也是客家人，因大家都是由北部移民下來的，且都從事耕種，所以當時村落大家彼此感情很好，都會互相照應，生活雖然辛苦但也怡然自得，記得住在這裡的居民，平時有重要事情商量，都會在集會所討論。民國66年（1977）的賽洛瑪颱風，不但吹垮了當時唯一的集會所，因凹子底位處低窪地區，颱風也造成嚴重的淹水，整個村落損失嚴重，還好居民互助合作一起解決了這次危機。

整個村莊每年最大的活動就屬拜天公，一開始沒廟的時候，大家是集合在三合院前的禾埕參拜的，後來經過大家出資合買土地及當時的里長傅有舜的奔走，與當時市長蘇南成的允諾，才有現在的天公廟。這得感謝當時的里長傅有舜為村莊的努力。村莊的另一個大型活動就是每年農曆的8月4日百姓公作醮，這一天全村會舉辦大請客，家家戶戶都會擺桌宴客，各戶可以邀請自己家的親朋好友來，

一起參與盛會,所以這一天全村也是熱鬧非凡。但隨著環境生態的改變與大家生活的忙碌,漸漸地家家戶戶宴客這個習俗就沒了,只是各自辦理。

傅有舜是一個讀書人,所以村里大小事若遇到需要用文字表達時,他都會義不容辭幫忙,我們住的凹子底聚落會有如此發展,也多虧他的努力與建設,這些我們鄉下人哪裡懂啊!因為他的用心與努力為村庄爭取來的福利,才有我們現今的生活,只是都更後這個村庄最後會走入歷史,這些也許我沒辦法見證,但我很感恩現在的生活環境。

13. 黃○良

我們家也是北部移民下來的客家人,我們家來的比較早,我們是從新竹關西遷徒高雄的,所以我是土生土長的高雄人,從小就在凹子底客家聚落長大的,所以我的客語能力不受外界影響,因為我們在家都是講客語。凹子底因緊臨愛河旁,所以從小就會看見村民在愛河捕魚,但都是捉來自己吃的,還沒辦法靠捕魚賣錢維生,後來工業化後廢水多魚也都死光了,根本沒有魚可以捉。

在聚落的成長的記憶中最有印象的,應該是小時候聚

落若有舉辦婚禮,我們都會被安排去幫忙搭棚,以前的棚都是用竹子的,搭完棚還要幫忙結彩球、吊彩帶,還是世界各國國旗的那種。

　　傅有舜是村里見識比較多的長者,在大家的推薦下做了四屆里長,村里能有今天的發展多靠他的熱心服務里民。我們在沒有天公廟的時候,都是在現在主委傅景發老屋的禾埕全村一起拜天公的,感謝傅有舜的奔波與付出,才有現在的活動中心與天公廟,還有自己的文物館。只是蠻可惜的,當時傅有舜生前有一個很好的規劃與願景,就是把聚落與同盟路的文物館結合起來,發展成一個高雄特有的客家民俗村,中間再由一個拱型吊橋做連結,因很多的環節受阻不能實現,我想這應該是他這一生最大的遺憾吧!但他為客家的付出與奉獻卻是值得我們後生人的學習榜樣。

14. 洪○煒

　　我是北客南遷的第四代,從小生活在客家大家庭裡,家裡又有七個小孩且我是老大,所以父母對我期望會高一些,家裡因為是務農關係,所以放學回來除了要掌牛,還

要幫忙一些家務，照顧弟妹更要做他們的好榜樣。勤耕雨讀一直是我們客家人的傳統，所以我一直讀到碩士畢業後出社會。民國65年（1976）考進公家機關任職，曾任財政部高雄國稅局副局長，也是高雄市稅捐稽徵處最年輕的處長，也做過高雄市政府秘書處專門委員、財政部稅制委員會執行秘書等職。工作之餘，也就讀國立中山大學公共事務管理研究所博士，完成博士學位。後任韓國瑜時副市長，並於民國108年（2019）8月16日卸任後，擔任國立高雄科技大學會計研究所兼任副教授。

傅有舜是我的小舅舅，從小就知道他熱衷於客家事務，但都是父執輩的比較了解。我個人是在褒忠義民廟時才真正跟他共事過，家父是世界客屬會第二屆理事，而我則是第三屆理事，因接觸客家事務，所以更了解傅有舜的處事作風。以下是我個人對他的背景與個人特質所做的一些描述：

一、特質：

（一）具有客家人勤儉樸實、硬頸耐勞之精神。

（二）熱心公益、發揚客家傳統文化。

（三）終身致力公共事務，協助高雄醫學院建立健全醫院會計資訊制度。

（四）待親至孝。

（五）終身學習，貢獻桑梓。

二、背景

（一）擔任高雄市鼓山區龍子里里長逾四十年。

（二）建工高中畢業後，70多歲完成國立高雄市空中大學日文系學士。

（三）擔任高雄醫學院會計室主任，逾二十多年，為高雄醫學院建立健全之醫院會計資訊制度與內部稽核制度。

（四）突破重重困難，整合村落鄉親土地，在蘇南成市長任內，完成興建龍子里活動中心，敦親睦鄰，功在桑梓。

（五）退休後擔任高雄市鼓山區公所之調解委員會委員，解決民困，頗獲鄉親讚美與肯定。

（六）熱心公益，協助高雄市客家委員會之客家文物館之興建與館物典藏文獻之蒐集與建制事宜。

（七）榮獲高雄市政府頒發客家事務卓越貢獻終身榮譽獎牌。

　　他是我們客家後生晚輩的典範，也是我個人學習的目標。

15. 葉○惠

　　我出社會一開始是從事牙醫助理工作的,因我爸爸跟鄧崑耀是朋友關係,所以民國92年(2003)在鄧崑耀成為客家文物館第二任理事長時即跟著他。一開始時是任職客家文物館行政,也在那個時候才開始接觸客家事務的。我雖然是客家人,但已不大會說客語只會聽,所以跟著鄧理事長從客家文物館到民國104年(2015)4月才轉任褒忠義民廟行政,一直以來都是從事行政上的工作,不管是客家文物館還是褒忠義民廟我都負責幫忙會員資料建檔,讓文物館及義民廟的資料電腦化。

　　在當時也會接觸客家同鄉會,其實客家同鄉會一開始是叫新竹同鄉會,也是從鄧理事長才更名為新桃苗同鄉會的。理事長任期一任四年,同鄉會更名後我一樣也是負責會員建檔的工作。

　　民國102年(2013)我在客家文物館任職時,傅有舜是文物館的第二任執行長,也是在那時才有接觸他的。我的印象中傅有舜是一個不苟言笑的人,因當時他也是高醫的會計主任,但他對客家事務不遺餘力,雖然自己工作很忙碌,但他還是常常為客家事務奔走盡心盡力,有時客委家要處理的資料也會透過他的大女兒傅秋霞傳達給我。

> 　　褒忠義民廟除了義民爺的生日外,一年的兩大盛事－春季與秋季祭典,春季祭典是在每年的農曆3月第一個禮拜天,而秋季祭典是在每年農曆9月的第一個禮拜天。從祭典用的祭文及祭典當天穿的禮服都是由傅有舜一手建立起來的,一直沿用至今,讓人不得不佩服這位客家大佬的用心與付出。他的離開是客家文化的一大殞落,所幸他所建立的祭典禮儀,能一直保存下來,猶如他的客家精神一般,永遠伴隨照亮我們後輩。

16. 傅〇國

　　我是凹子底土生土長的客家人,一開始村裡的小朋友都是讀三民國中的,我是第一屆的龍華國中畢業的,國中畢業後我就離開村莊出來打拼,直到結婚生子。凹子底對我來說是老家,只有過年過節才會回去,或是天公廟有慶典的時候,雖然已不住那裏了,但凹子底還是我最懷念的地方。且每年國中的同學會都在活動中心舉辦,就是想藉由同學會回去看看老同學話家常,也是藉此回老家看看。今年9月24日的同學會,班長還提議徒步走一圈凹子底,回顧一下兒時的村落記憶。

在村庄周遭還沒有建設時，也就是農21還未開發時，整個村落的唯一道路，就是從現在的中華一路2133巷進入的，那是一條都是石頭的小路，且彎彎曲曲的才能到村莊。凹子底整個村莊的大致範圍是：以明誠路為中心界線，明誠路以南，到現自由路的好市多一帶，在當時是朝陽木業所在，我們小時候村庄附近有水池，愛河上會有原木漂浮在上面。

　　自從有了天公廟後，廟內祭典所用祭文或儀式都是傅有舜一手包辦主導，他熱心公益對客家文化傳承一直都是不遺餘力，他家也是村裡唯一的雜貨店，小時候我們經常會去他的店裡逛逛，因為以前的人務農比較窮，買不起零食玩具，所以才會去他家的商店逛逛，這樣可以滿足我們當時的幼小心靈。

17. 傅○渙

　　我是6歲也就是光復年，隨家人南下的，與傅新華是同祖的，那個年代大家都是務農的，生活條件很差，進出村落都是要靠撐竹排的，住的環境周遭也都是墳墓區，也就是現在的同盟路客家文物館一帶到三民國小都是，生活雖然艱苦但也算過得平順。

小時候在家就是幫忙掌牛，長大後在中壢當了兩年的兵工廠兵，退伍後回鄉也是幫忙務農，25歲結婚有四個子女，2男2女，頭擺係拜天公全庄頭都在傅景發老屋前的禾埕共下拜。在庄頭會拜天公，緣至於當時正值日治時代，常有飛彈從村落天空而過，傅新華與幾位長者帶領全村祈求天公保佑，全村才得以平安，這就是後來才有天公廟的由來。

　　因整個村落幾乎都是北部下來的客家人，只有少數是閩南人，所以在生活上大家都會互相幫忙的，村庄的最大盛事莫過於四年一次的賽神豬比賽，去年我家神豬打頭名喔一千多斤，不過現在沒有以前熱鬧了。

　　因為村民幾乎都是務農為生，所以飽學詩書的沒有幾人，傅有舜算是村里年長者比較有學識，且見識廣，早期又在高醫當會計主任，對村里大小事又熱心，所以他高醫退休後，大家就推舉他出來選里長。在他的任期內也把凹子底建設起來，從沒有廟祭拜到活動中心的建立，也把天公廟蓋在四樓，這是經過村民認同取決於更接近天之意。以前的凹子底真的生活條件很差，也是因為活動中心的建立，凹子底聚落才漸漸的被大家看見，不然前面高樓大廈的，誰又會知道裡面還有個客家聚落？

　　傅有舜是個熱心公益的人，不管長相或個性都遺傳到

他的父親傅新華,日據時代時是他的父親與幾位長者帶領村民祭拜天公,祈求天公保佑村民大家的平安,後期則由傅有舜為村民爭取蓋活動中心與天公廟,他的努力與付出,村民都感同身受,凹子底客家聚落的發展與繁榮,其功不可沒。只可惜他一生最大的心願,把聚落與同盟路結合成為客家民俗村,在他有生之年未能實現,這或許是他一生最大的遺憾吧!

18. 吳〇淼

我是在新竹縣關西鎮出生的,五歲時才隨家人至屏東竹田鄉定居的,17歲上高雄高工,畢業後在電力公司工作了十七年,之後又回屏東念屏東教育大學文化創意產業碩士,畢業後從事的工作也一直跟客家有關,參加海陸‧南四縣協會。平常會寫一些客家童謠,從一開始的高雄市政府到客家事務委員會退休。

我也是來客家事務委員會後才接觸到傅有舜的人。他是一個不苟言笑的人,做事積極講求效率,當時的同盟路成立客家文物館時,需要一些農用古物,於是我跟著他南征北討到處去收集,那段時間真的很辛苦,每次只要聽說哪裡有人願意把農具古物捐出,我們就會趕快過去,常常

一路除了帶回那些古物外，也會只要看到客家建築就會馬上拍下來，就是以備不時之需。文物館除了展示這些舊有古物外，也有一個小型的客家圖書館，這個是很多人都不知道的。當時的書籍收集傅有舜也是費盡心思的，如果說客家文物館能有現在的規模與成就，傅有舜可以說其功不可沒，他這一生真的都在為客家努力奉獻，這是值得年輕一輩客家子弟學習的典範。

　　我跟隨他共事很久也曾聽他談論理想與抱負，他所居住的地方其實就是文物館的對面，也就是現在光之塔旁隔著愛河旁的一整排舊部落凹子底現稱龍子里。其實他是很有理想與想法的人，他原本想把聚落與文物館連接做個客家文化村，他規劃大約要100戶的，中間再用拱型吊橋做連結，因有太多的因素無法突破，這是他人生未完成的夢想，也是他一生最大的遺憾吧！而我很慶幸可以與這樣的長者共事，相信他的精神會給後輩年輕客家人有更多的省思。

19. 吳○媛

吳秀媛老師（國立高雄師範大學講師吳秀媛老師提供）

今年暑假與秋霞姊聊天時，經秋霞姊推薦可以訪談秀媛老師，當時聽到吳秀媛老師名字時，內心無比悸動。因在校期間我已當了老師一學年的工讀生，雖然當時因疫情無法實體上課，但網路上聽老師上課即是一種心靈享受，只因老師的聲音婉轉悠揚、酥軟人心，客語四縣與海陸腔的轉換更是游刃有餘。所以回家後立即連絡秀媛老師，但無奈老師真的太忙碌了，直到 10 月 4 日才有幸訪談到老師。

聽老師娓娓道來：

> 我婚前任職於立法院，擔任院會速記員職務，婚後辭職南下，過著相夫教子的生活。我個人因為終身學習理念和服務的人生觀，不想與社會脫節，因此，隨著孩子漸漸

長大，為方便就近陪伴孩子成長，乃先至國小擔任代理代課教職。並於民國88年（1999）11月23日，因緣際會開始任職於高雄市政府新聞局高雄廣播電台客語廣播節目製作及主持人迄今。我在民國94年，開始在高雄師範大學客家文化研究所進修，民國99年（2010）又至臺東大學兒童文學研究進修。一路走來，我清楚自己的客家路，客家文化工作是我此生的職志。

民國88年（1999）時值50歲，我在客家的活動中，第一次認識了客家耆老、同時也是鼓山區龍子里的傅有舜先生。當時的傅有舜先生已從高雄醫學院會計主任職務退休，卸下會計主任職務之後，傅有舜先生更是全心全力致力於客家文化的傳承與推廣工作。

且說民國67年（1978），傅有舜先生在高雄醫學院會計主任任內時，曾為高雄醫學院建立「私立高雄醫學院附設中和紀念醫院會計制度」，並於隔年即民國68年編定會計制度，提供各科收支資料，作為層峰決策及各科經營改善參考。傅有舜先生從民國58年（1969）開始至民國81年（1992）退休，在高雄醫學院以其極清高的人品，奉公守法克盡己職，前後總計服務二十四年。

高雄市是一個移民城市，移民城市最大的特色就是多元族群。高雄醫學大學的所在地「大港」，是一個傳統的

客家聚落,來到高雄醫學院的患者約三成是客家人。傅有舜先生在多元族群裡眼見客家語言有失傳的疑慮,同時又感於鄉親在高雄醫學院看病之時,醫生與病患之間的語言溝通極為重要。基於促進醫療人權,關照少數族群健康福祉,高雄醫學院醫療人員學習客家語已成為必要且必需的功課。因此,傅有舜先生雖然已從高雄醫學院榮退,但仍積極出面促成高雄醫學大學於民國95年(2006)2月,在醫學系開設全國首創的「醫用本土語──客家語」課程,並擔任其中客家文化禮俗的「客家人的信仰與文化」課程講師。這是全臺灣醫學大學第一個開設的客語課程。此課程之目的是教導醫學院學生了解、學習臺灣客家語族的語言、文化,保存客家醫學用語,並進一步了解客家族群,以促進醫生與病患之間的溝通,建立良好醫生與病患之關係,維護病人之人權,提升醫療品質。幕後推手傅有舜先生其功不可沒。

高雄市同盟路的客家文物館於民國84年(1995)4月間,籌組「高雄市客家文物館興建促進委員會」,由32位委員公推謝王水先生為主任委員、張貴金、黃興招、鍾文梁、宋國榮等四位先生為副主任委員,傅有舜為秘書長,大家集思廣益、積極推動建館工作。高雄市客家文物館於民國86年(1997)7月27日動土興建,民國87年(1998)11月22日舉行落成大典,啟用至今。在民國91年(2002)12月,更增設了全臺首座的客家文物圖書館。在傅有舜先生與另一

客家耆老李祥榮先生四處奔波尋找贈書的努力之下，初設之客家文物圖書館，未久，其中客家文學、史學等學術文化書籍即汗牛充棟，受到許多文史工作者與研究所研究生之慕名青睞，紛紛前來尋寶，並向傅有舜及李祥榮兩位耆老請益，受益匪淺。

民國96年（2007）1月18日前總統陳水扁陪同帛琉共和國總統雷蒙傑索侐儷參觀高雄市「客家文化館」，受到大批客家鄉親歡迎。當時由行政院客家委員會委員傅有舜全程陪同解說，傅有舜委員從客家人遷徙史開始介紹，其中提到客家人勤儉持家的歷程，也分享許多客家前人農作機具的使用方式，其親切與詳盡的解說，儼然是位專業之導覽，令雷蒙傑索總統頻頻稱謝不已。

傅有舜先生是鼓山區龍子里社區文物館的創辦人，此文物館成立於民國79年（1990）間，占地近三百坪。這塊土地早期由15位村民合購，在民國77年（1988）間要設置文物館時，由於土地共同持有人有八人已仙逝，後代子孫又分散全臺各地，當時的里長傅有舜先生，為了取得這些共同持有人土地者的同意捐地興建文物館之同意書，全臺奔走一年才得以完成，期間的辛苦不可言喻。龍子里社區文物館成立後，成為社區附近明華國中、龍華國中、龍華國小學生上鄉土教材課程的最佳實體現場，嘉惠學子。

或許是因為我在電台主持客語節目的關係，所以之前高雄市大大小小的客家藝術節、藝文活動，我幾乎都被指定擔任主持工作。更榮幸的事是：在傅有舜先生年邁之時，委請李祥榮先生通知我，接替傅有舜先生其高雄市客家春秋祭儀的「執事」之職。

　　「執事」，即「先生」，其位階非僅「禮生」，一般人皆以「禮生」稱之。「執事」要引領祭儀的程序之進行，不是僅讀一讀「疏文」而已，這是非常尊貴的榮譽與任重道遠的任務，感謝傅有舜及李祥榮兩位耆老對我的鼓勵與肯定。

　　我對傅有舜先生的評價：早期傅有舜先生在高雄市所有的客家活動裡，是一位非常重要的頂級人物，凡有關客家人客家事，無論是大小事情，傅有舜先生都會被請益，同時，他也都會樂於奉獻與參與。為了充實高雄市客家文物館的圖書館之館藏，傅有舜先生和其好友李祥榮先生不辭千辛萬苦一起向相關單位募集。傅有舜以其會計之專長，協助高雄客家的成長與權益之爭取，在客家尚未成立公部門之時，帶領高雄市客家人推動客家文化的種種活動，尤其對客家人生命禮俗的傳承，傅有舜先生更是無私地奉獻心力。他在七十歲時上高雄市立空中大學求學，勤習英文、日語，追求新知，他是一位值得吾人終生學習的典範，更是一位開朗慈祥睿智的客家耆老；他是高雄客家人的導師，一位悲天憫人、無人不尊敬的客家精神領袖。

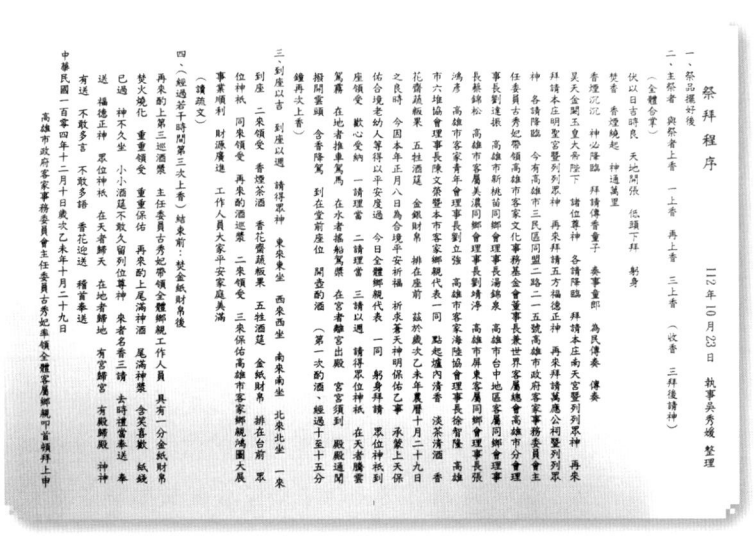

祭拜程序　112年10月23日 執事 吳秀媛 整理

一、祭品擇好後
二、主祭者與陪祭者上香　一上香　再上香　三上香（收香 三拜後請神）
（全體合掌）
焚香晚起　神通萬里
香煙沉沉　神必降臨
吳金聖玉皇大帝陞下　請蒞臨本庄暨南天宮暨列眾神 拜請南方福德正神
各請降臨　為民傳承使奏童郎
神各請降臨　今有高雄市三民區暨二一五號地公祠暨列眾神
任委員古秀妃帶領全體委員、高雄市政府客家事務委員會主任委員劉登浪、高雄市新桃園同鄉會理事長劉錦松、高雄市客屬世界總會會理事長徐智隆、高雄市客屬屏東同鄉會理事長蘇錦松、高雄市台中地區客屬同鄉會理事長湯錦松、高雄市客屬桃苗同鄉會理事長徐智隆、高雄市六堆協會理事長劉立強、高雄市客家海陸協會理事長蔡帶領高雄市客家青年文藝帶領青年文藝帶領青年會全體成員代表一同，虔取今日大吉良時，於本年正月十八日為本境內眾神祈福暨拜拜暨立神位，今日全體鄉親代表一同，點光燭子五性香花板果，盛大清茶三獻，敬獻神祇，承蒙上天保佑各位老人於今境眾神起駕上天座

三、到座以吉　到座以週　請待眾神
鐘鳴次，再次
搬開宣讀，在位繼續寫，到在堂者繼續寫，宮裏頓開炮開炮（第一次）鞭炮十五五週
冬神，冬神　西來東坐　南來北坐　北來南坐
香煙茶酒，金紙香帛　排在台前　眾
眾來領受　香花茶酒　五性請是
到座，眾來領酒，二來領受，主祭委員古秀妃帶領全體鄉親工作人員
焚火燒化，再來酒尾三，尾滿神酒，尾滿神酒等領三，三神酒
（誦文）
已過，神不久坐，小小酒一分金紙帛
四、（經過若干時間第三次上香）焰來前：焚金紙帛後
已過，神位神祇，眾位神桃，去神位神送
福德正神　具有一分金紙帛
不敢多言　不敢多語　香花迎送　求神歸來
有送　不敢多言　不敢多語　精香奉送
中華民國一百零四年十二月十日歲次乙未年十月二十九日
高雄市政府客家事務委員會主任委員古秀妃暨全體客家鄉親鴻首上申

高雄市客家春秋祭儀（國立高雄師範大學講師吳秀媛老師提供）

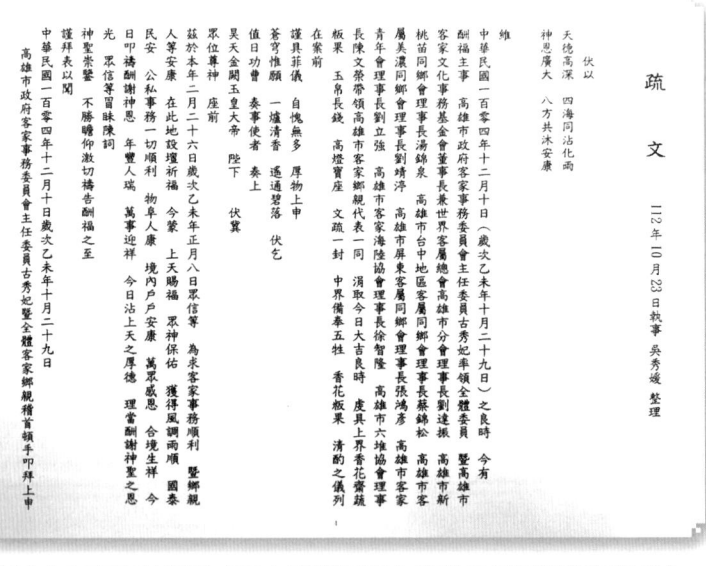

疏　文　112年10月23日 執事 吳秀媛 整理

維
中華民國一百零四年十二月十日（歲次乙未年十月二十九日）之良時，今有
酬聖主事　高雄市政府客家事務委員會主任委員古秀妃率領全體委員，暨高雄市客家文化事務基金會董事會總會會會理事長劉登浪，暨高雄市新桃園會會會理事長劉錦松、高雄市客屬世界總會會會理事長徐智隆、高雄市台中地區客屬同鄉會會理事長湯錦松、高雄市客屬屏東同鄉會會會理事長蘇錦松、高雄市客屬桃苗同鄉會會會理事長徐智隆、高雄市客青年文藝帶領高雄市客家海陸協會理事長劉立強、高雄市六堆協會會理事長劉立強、虔取今日大吉良時，備奉五牲　香花燭果　清酌之儀列
伏以
天德高深　四海同沾化雨
神恩廣大　八方共沐安康
板果玉帛金錢，高燈寶座，文疏一封，中界備奉五姓
護神紫繁表以聞
光　眾信等冒昧陳詞
日中鑄鼎祈福，不勝曉仰激切禱告酬福之至
神聖蒙光　眾信等拜奏　闔境平安，信祇來格，今
民眾安康　為求客家事事業順利暨鄉親人等安康，茲於本年二月二十六日歲次乙未年正月八日眾信等，於此地敬獻祈福，眾神祇　今公私事業一切順利　今神降福　獲得風調雨順　國泰
蒼穹惟願　一爐清香　遇過慧落　伏乞
謹奏悃懇　厚物上申
吳金聖玉皇大帝　陞下　伏冀
值日功曹　奏事使者　奏上
自愧無多　委事使者　奏上

中華民國一百零四年十二月十日歲次乙未年十月二十九日
高雄市政府客家事務委員會主任委員古秀妃暨全體客家鄉親精首頓手叩拜上申

高雄市客家春秋祭儀（國立高雄師範大學講師吳秀媛老師提供）

20. 葉○火

　　我是 12 歲來高雄的，13 歲搬到左營區的菜公里到現在。年輕時學藝當理髮師，以前沒有店面都是直接到客戶家去幫客戶理髮的，一天要跑好幾個地方，有時在一個村落一待就是一整天，從左營甚至到八卦寮，也就是現在的仁武區，洪家也是。遇節慶時生意忙碌，最盛時期一天還可理 100 多個人，從早上理到晚上。後來有自己的理髮店面，就在左營區菜公里的豐谷公廟對面，這理髮工作一做就五十年了。後來家裡也租五、六分地來耕田，耕田剃頭之餘，跟隨著父親葉元生學拉二胡，也拉出了興趣。

　　遠在五、六十年代前高雄的菜公仔庄，係客家人口居住密集的村庄，僅有少數的河洛人，因長期與客家人相處及務農關係，河洛人也學會了講客語，大家共同祭拜豐谷宮廟奉祀之主神「神農大帝」，相處和睦頗有親切感。後因政府大力推動十大建設及地方建設，農地也逐漸減少，外來河洛人口逐漸增加，客家聲音在此時也漸漸地在消失，八、九十年代期間在該地區的活動場所，已很難聽到客家人的聲音。為了挽救當地客語不被消失，加上自己對國樂的喜愛，想以客家傳統音樂文化，予以發揚光大。於是在民國 91 年（2002）6 月，我邀約了郭豐源、蔡水池等幾位愛好客家音樂嗜好者，研習客家中樂演奏，由林英男先生

擔任義務指導，開始學習客家傳統樂器。經過一段時間演練後，樂器演奏已趨成熟，參與學習人員也越來越多，團隊有立案之需要，於民國93年（2004）3月25日，承蒙時任世界客屬總會高雄市分會祕書長柯文振先生（現任高雄市桂陽客家綜藝團團長）的鼓勵及協助下，成立「高雄市客家歌謠菜公班」教唱客家歌謠，學員約有40餘人。這是菜公民俗國樂團的前身，民國97年（2008）應市政府、社會局登記為高雄市左營菜公客家音樂協會。每個星期五下午2:00-4:30團員團練，就在住家旁的鐵皮屋，現已改建大樓了。民國110年（2021）退休，由傅惠香接任團長，繼續帶領樂團到處表演，發揚客家精神。

認識傅有舜是因去他家裡幫忙理髮而結識的，一個月兩次，早期的傅有舜是在高醫服務的，退休後當里長也全心投入客家事務的推動。所以，每次只要客家有任何活動時，需要樂團演奏，第一時間他都會想到我，他為人正直，是一個學識很好的學者，也是一個很好的老大哥，很會照顧與提攜客家後輩。

民國110年（2021）退休後，雖然茶友變多了，但卻感觸良深，50-60年時間，河洛人會說客語，現在是客家人不會講客語，還好客家人很會跑，全世界都有，一笑置之～

傅有舜參與客家樂團活動（菜公民俗樂團退休創辦人葉木火先生提供）

21. 古○川

　　我是爺爺那一代就移民高雄的北客,其實當時南下的北客幾乎都是務農維生,我們家也不例外。我是念工程的,年輕時做焊接焊條買賣維生的,後來規模大了也有自己的工廠,目前住在三民區的自由橋附近。離開客家事務之後,參與苓雅區正言里第四屆的里長,平時除了服務里民外,就是帶帶孫子,生活也過得怡然自得。

　　民國93年(2004)因褒忠義民廟事務而認識傅有舜的,大約民國95年(2006)時進新桃苗同鄉會,又參與世界客屬會與同盟路的客家文物館創館到客家文化事務基金會,因此機緣,所以與傅有舜接觸的機會也變多了。在多次與傅有舜共事參與客家事務,更了解傅有舜的為人與處世態度,他對客家事務的熱衷參與,無私奉獻真的無人能比,在他的身上看到了客家的希望與硬頸精神。其實他本人看起來很嚴肅不苟言笑的,但他對後輩又是很照顧與提攜,是一個很傳統的客家長者,也是客家後生人的學習楷模。

22. 李○興

　　我也是北客南遷的族群，家裡很重視我們小孩的客語，所以我到現在都還會講客語。因為這樣的傳統堅持，到我結婚生子時，我也希望我的小孩也能講客語，所以，我的小孩在6、7歲時都只會說客語，但剛進幼稚園的前半年時，他們真的不會講國語和閩南語，老師也不知如何與他們溝通，後來發現自己是矯枉過正了，小孩在半年後就把客語忘得一乾二淨。這件事讓我記取客語其實是要落實在家裡的，只有在家庭中堅持說客語，我們的文化才不會斷。

　　我剛開始是做會計師的，在民國90年（2001）因緣際會下成為高雄市客家青年會改制後的第二屆理事長，才全心投入客家事務的。那時候剛好是客家文物館落成，當時的高雄市客家文化基金會也才剛運作一年多，而且也還沒有客委會。記得傅有舜當時任高雄市客家文化事務基金會的執行長，也是因為這樣才有機會認識執行長的，但之前就有聽說過這個人，他對客家事務很盡心的。

　　凡走過必留下痕跡，走過二年的任期我除了要感謝所有的幹部，願意犧牲自己家庭團聚時間，甚至放下自己部分工作為客家奉獻，也很驕傲二年的任期完成了三項有意義的活動。

（一）歌謠班的蓬勃發展，對傳承及推廣客家文化有相當深遠之意義，歌謠班自開設以來承蒙高雄市客家文化事務基金會董事長鄧崑耀，及傅有舜執行長全力支持外，並列為重點工作推行，才得以傳承客家文化。

（二）連續二年承辦或協辦高雄市青少年夏令營活動，透過夏令營活動讓客家文化也能深耕客家子弟，當時曾因為經費問題，一度想放棄不再辦理，還好經高雄市客家文化事務基金會傅有舜執行長之力爭，才得以順利完成活動。

（三）能和中、北部社團相互交流訪問，做到以客家優先的信念，也讓自己獲益匪淺。

　　二年的任期當中真的很感謝執行長傅有舜的大力幫忙，也讓我見識到傅有舜的為人作風，他是一個不苟言笑、溫文儒雅的人，凡事有關客家事務他都會盡心盡力完成，一個不講求回報犧牲奉獻的客家長者，他是客家人的驕傲，也是客家後輩的典範。

23. 李○忠

　　我是在民國 65 年（1976）小學一年級時，全家從臺南搬來凹子底的，當兵回來後才離開凹子底，現居住在三民區瀋陽街，但工廠和老家還是在凹子底，老家剩父母兩人還住在這。從我爸爸那年代開始，我們家一直都是做壓克力加工的，這是家族企業，父母年邁後現由我承接營運。雖然現不住在凹子底，但每天還是在凹子底生活的。

　　凹子底伴隨著我的成長，雖然它是客家聚落，但在相處上倒也融洽，沒有族群與語言不同的隔閡，小時候的玩伴也大都是客家人，雖然不會講客語，但相處久了倒也聽懂一些簡單客家語。兒時的記憶印象最深，莫過於住家隔壁是同學家的豬圈，因同學家是務農的，每到收割季節時，就會看到鄰居家在禾埕忙著曬穀、扒穀仔，這就是最典型的農村生活。

　　因當時聚落大都是客家人，且以務農為生，大家住的都是紅瓦屋，整個聚落又以傅姓為最大姓氏家族，我們家也是住矮房紅瓦屋，工廠旁有竹籬笆。小學是念十全國小，後轉龍華國小。學區本該念龍華國中的，一開始國中讀龍華國中，但卻借讀三民國中，因當時龍華國中還在建教舍，第三年才轉回龍華國中的，所以我們村庄同屆的都讀龍華國中，我們也是龍華國中的第一屆畢業生。小學上學時，

我們都是走中華路經治平橋,所以沿路會看到愛河的原木,有時趕時間會抄近路會走墓園那邊,就是現在的同盟路客家文化館,在我們讀小學時那裡都是一片墓園,蓋文物館時,已把所有墓園找不到主人的都安置在同盟路的萬應公祠(百姓公祠)。記得小學時只要一放學,大家都會呼朋引伴到內惟溪支流抓魚,村庄的附近當時還有信利木業,現已不存在了。

現在同盟路的愛河之心,當時是天然蓄水池地帶,水面上有很多原木,小時候我們都玩過竹筏。記得因愛河整治關係,有一次遇水災村里淹水很高,因我們家地勢比較高,鄰居家的稻穀都拿來放在我家。

傅有舜里長雖然是客家人,但他在里長任內對村庄內的大小事都是盡心盡力,是一個非常熱心的人,更不分族群。我們家雖然是閩南人,記得有一次因工廠租地問題,他真的很熱心地幫我們處理,對我們而言,他不僅僅是龍子里的里長,更是龍子里的大家長與精神領袖。

龍子里撐竹筏過岸（李全忠提供）

24. 梁〇銘

　　我是土生土長的凹子底在地人，以前這一帶都稱凹子底，後來是因為都市重劃後劃分為龍子里，我們家是從阿公那年代就住在凹子底，到我已經是第三代了。雖然凹子底聚落以傅姓為最大宗，因為我們家也是客家人，在家也都是講客語，因為語言相通，所以生活在凹子底大家相處很融洽，只是客語到我們第三代，只剩下會聽不大會講了。

　　我跟李全忠還有傅有國都是國小的同班同學，還有村里一些人，大都是客家人，只有李全忠是閩南人。小時候放學大家除了抓魚、電魚，就是打極樂仔、玩紙牌，童年的生活倒也快樂。記得那時的龍華國中旁就是朝陽木業，

在那個年代可算是很大規模的工廠,但現已看不到了,這就是環境生態的改變。

傅有舜是村裡比較有學識的長者,從高醫會計主任退休後,經由村民的推薦連做四屆的里長,從他上任里長開始,一直都在建設村落,活動中心成立後可說是聚落的風華年代,也因他的管理與帶領下,聚落成為高雄市的模範社區典範。在里長任期內,聚落的大小事他都很盡心盡力幫忙,每年的聚落盛事天公生更由他主導,天公廟的成年禮也是由他所創,我們都還有參與呢,這可以說是高雄客家聚落的創舉,也是龍子里聚落的驕傲。現在回想起聚落早期的生活,說真的還蠻懷念他老人家的,他是客家的楷模與典範,其精神是我們這代該學習與傳承的。

25. 黃○川

我是在地的高雄市人,家族從民國 11 年(1922)時,從桃園移民高雄,也是所稱的北客,當時移民下來的北客,幾乎都從事農耕,我們家族在民國 40 幾年時,是做稻米收購的,這是家族企業。家族五伯父黃正忠在 1953 當選第二屆省轄市高雄市議員,是當時第一位客家籍的市議員,後

接任第四、五屆省轄市議員。而我本是念土木工程科畢業的，民國65年（1976）創辦大揚營造公司，現在的鼎山街上的天后宮就是我們公司當時所建，由鄧阿萬（鄧崑耀之父）大

112.11.6 與前高雄市議會議長黃啟川於議長服務處合影（作者拍攝）

力出資的。我是在民國66年（1977）底參與政治的，一開始是參加高雄市議員的選舉（1977-2002年），在那個年代參政，其實都是靠高雄新桃苗鄉親的相挺，才會一路順遂，後來也順利當上了高雄市議會的議長（1998-2002年）。

以前高雄幾乎都是陳啟川的地，說到這還真的要感謝當時的副總統陳誠實施三七五減租與耕者有其田政策，才使得原本辛苦耕種的客家農民有真正屬於自己的田地。新桃苗是四大庄頭的最大庄，我是在新桃苗同鄉會時接觸到傅有舜的，他那時除了是高醫的會計主任外，更活絡於高雄市的大大小小客家事務上，只要有關客家事務，一定看得到他的身影，尤其在褒忠義民廟更常看到他的蹤影。後來我當上新桃苗同鄉會理事長時，傅有舜則是我不二人選的秘書，當時我也是高雄市議長，所以有關高雄客家建設

我負責爭取預算,傅有舜則負責高雄客家事務推展,他一直也沒讓大家失望過,總是把客家事務處理得井然有序,是我當時最好的合作夥伴。

記得那時他有推一個方案,就是想把他住的地方凹子底,與同盟路的客家文物館做結合,推一個屬於高雄市的客家民俗村,中間以拱型吊橋做連結,100間的商區,可以展售客家的農產品或客家特色美食,更可以做為國中小的客家鄉土活教材。但礙於當時市長換人,後來吊橋變便橋,一些想法政策理念不同,這個方案難以執行卻也成為他一生的遺憾。

傅有舜是一個知識水準很高的人,做事認真,雖不苟言笑卻很願意提攜後輩,樂於參與客家事務,一生奉獻客家。感恩客家有一位這麼用心犧牲奉獻的長者,客家事務才能順利推展成長。

26. 黃○霖

　　我是高雄市三民區寶珠溝這裡出生的，但我們的祖先從民國100年（2011）前就從桃園移民來高雄三民區寶珠溝這裡定居，所以，我們是屬於新桃苗的北客，但很遺憾的是，客語到我們第三代只會聽不大會講了。也許是因為住的周遭都是閩南人關係吧。民國93年（2004）我當選高雄市議員，而我的爺爺黃正忠在民國50年左右就當選第2、4、5屆的高雄三民區市議員，民國66年（1977）我的堂叔黃啟川當選高雄三民區市議員後，前後服務了二十幾年，後來也當選高雄市議會議長，我民國93年（2004）才出來選的，選上後就一直服務里民到現在。

　　傅有舜是我小時候在三民區褒忠義民廟就看過他了。因為我的爺爺黃正忠那時當高雄市議員時，也是褒忠義民廟的主任委員，當時我才國小，傅有舜即在義民廟幫忙。他這個人很熱誠，非常注重禮儀，每次出場絕對都是西裝筆挺很正式，且態度謙和，做任何事情都非常仔細，而且對我們這些後生晚輩都非常的關心、照顧，是一個非常謙和又專業、做事又仔細又熱心的長輩。

　　後來就像客家事務系統，如新桃苗同鄉會或是一些客家人的聚會，每次我們當然就會在那個活動圈子遇到，到同盟路要蓋客家文物館時，也常看到傅有舜的身影，因為

客家文物館離他家很近，就過一個愛河而已。或是在褒忠義民廟的慶典上，也常看到他的主持，同盟路的客家文物館也是由他一手籌劃，而褒忠義民廟的春秋祭典也是他建立起典範的。他真的很熱心於客家事務，雖不是擔任客家事務或客委會的重要職務，但他卻是客家文化的代表，其地位之崇高是無人能左右的。其實他當初有個很好的想法，就是要把住的村庄與同盟路的文物館做連結，中間的愛河要弄個拱型吊橋，這個想法他曾跟我提過，但是要銜接這個客家聚落，需要一點時間，天時地利人合都要相輔相成的，才能在愛河的兩岸橫跨一個夢幻的客家文化村。因為很多因素，加上財力，市政府政策可能沒有全力的支持，我記得這個計畫後來也沒有再繼續，我想這應該是他人生的最大遺珠之憾吧！但我知道他很熱心一直都在推動客家文化事務，從未間斷過。

　　我對傅有舜的評價：他是一個非常謙謙君子的長者，在我印象中他都協助我爺爺黃正忠在客家褒忠義民廟，讓義民廟事務很有制度。他也很熱心，幫忙各種宗教事務的推動不遺餘力，對待朋友，甚至我們這些後生晚輩，都給我們很多的鼓勵。我記得我剛當上高雄市議員的時候，每次我只要有市政總質詢，我都會發簡訊或PO在網路上，要請人家上電視看，他每次都會給我回饋，他都會打電話跟我說，你講得不錯啊！哪裡講得很好啊！哪裡可以更好

> 啊!他真的是一個謙謙君子,對客家事務,也不只客家,所有的公共事務都非常的投入。他早期也當過里長,所以代表他對公共事務真的很用心,對我們這些後生晚輩也很提拔、很鼓勵,所以,他是讓我們很懷念的一位長者。

27. 劉○根

  𠊎算係北部客个第三代,在𠊎阿公那一代就遷徙高雄至今,劉邦友是我的一位叔叔。早期剛來高雄時家族大都務農維生,那我們家族講的是饒平客語,這在高雄是比較少見的,我爺爺到我這一代都會說,但傳到我小孩時,因長輩們幾乎都不在了,加上周遭都是閩南人,漸漸的客語就比較少講,現才恍然驚覺客語似乎在我們這一代就要消失殆盡。

  年輕時一直都在環保局工作,退休後才比較有時間接觸義民廟,民國86年(1997)時因為叔叔的關係,我才進義民廟管委會,從那時開始服務到現在。從早期的義民廟開始到民國109年(2020),每年的中元普渡廟方都有賽神豬比賽,民國110年(2021)疫情就開始停辦了。義民廟最早時是客家人的信仰支柱,所以來拜拜的都是客家人,且大都是北部下來的客家人居多。隨著時代變遷,現在來

廟裡拜拜的不再是只有客家人，反而是越來越多的閩南人來這邊拜拜，原本清一色的客語交談，也都快被河洛話取代了。

民國70年代時，我聽說廟方所有慶典都是由傅有舜主導，廟裡最重要的祭典儀式：三獻禮也是由傅有舜所創，這對客家廟宇是一個非常隆重的儀式。雖未與傅有舜共事過，但其本人也常在廟裡見過，眉宇之間就是讀書人的氣度，他對義民廟的無私付出，其功不可沒。只要有客家的活動，就能看到傅有舜的身影。雖然他走了，但其對義民廟的用心與客家精神，一直與我們同在。

28. 余○和

厓係在高雄出世个，在阿公那一代就舉家遷徙高雄定居了，我們家係講四縣腔客語，因為在家都講客語，所以我們到現在都會講客語，不過現年輕人不講，所以小孩就變得會聽不會講。

民國103年（2014）我從國喬石化退休後，因為叔叔余聲正的關係，就來義民廟幫忙到現在，我們是屬於比較年輕的一輩，對傅有舜雖不熟，但在義民廟只要提傅有舜

這個名字，無人不知無人不曉，他可說是客家的傳奇人物，義民廟的代表。

時代變遷，不管是客語還是同鄉會，都隨著時代的改變而衰退，義民廟是北客宗教信仰的傳承，真的要很感謝傅有舜為義民廟所做的一切，沒有這位長者的無私奉獻，哪來現在義民廟規模的運作。

在還沒有退休之前，每次家族聚會，就會聽叔叔說起傅有舜這個人，雖未曾謀面，只聽其聞，但我曾看過其著作，他確實是一個客家儒者，最難能可貴之處是，他願意這樣無私為客家付出，所以他是客家的楷模，一個值得大家敬重的客家大佬。

29. 張○平

倨係阿公个代就下來高雄打拼的，家族在高雄已經是第四代的傳承，倨後生時節在中鋼上班，我們那個年代在家都是講客語的，不像現在年輕人都不講，漸漸的客語就失傳了。我62歲就開始在義民廟當廟祝到現在，在義民廟只要有活動，就能看到傅有舜的身影，但都是來匆匆去匆匆，比較沒有多餘的時間可以跟他交談。

早期的義民廟可以說是客家人的聚會場所，來拜拜的也是清一色都是客家人，尤其以北客居多，這些歷史紀錄在義民廟的牆上就能窺知一二。但環境的變遷，生活方式的改變，現在來義民廟拜拜的不再是只有客家人，有河洛人甚至還有新住民，這就是現在的多元文化，但我覺得這是環境的變遷所使然，客家的傳統與精神還是需要後生人的傳承，尤其是語言客語一定要保留，不然我們真的會被河洛人同化，而忘了自己原來是客家人。

我直到民國94年（2005）因為表哥的女兒吳川鈴在客屬總會上班，才比較常接觸傅有舜這個人的，他不管對義民廟也係客屬總會、還是新桃苗同鄉會，他都很熱心參與幫忙，可以說只要有客家人的活動，就有傅有舜的身影，他是一個平易近人的學者，雖有不苟言笑的外表，但其實他是一個很好相處的人，沒有任何官威，又願意無私為客家奉獻付出，純屬可貴，他為客家及後生人樹立一個很好的典範，值得後生人學習。

30. 周○聰

偓係阿公个代就下來高雄打拼的，那年代的北客下來高雄大都是務農為多，我年輕時是做鐵工廠外務員的，退

休後自己養魚,大約 12 年前也就是民國 110（2021）年,因為二哥周德次才進義民廟幫忙的。大哥周德正與傅有舜比較熟,常會在義民廟的大型活動接觸,但大哥現已不在了。因大哥的關係,在家族也常聽傅有舜的名字,久而久之,對其人也會略知一二,他對客家事務的事都很上心,加上人也很好,會提攜後輩,對義民廟的事物更是盡心盡力,是客家不可多得的一位長者,大家都很敬重他的。其實說真的,義民廟要是沒有他的幫忙,也不會有正規的廟務系統,所以現不管換誰做主委,都能輕鬆掌控廟內事務,這都要歸功於傅有舜的幫忙。

31. 鄧○耀

我家是當時的北客南遷族群之一,我們是桃園中壢人,我是在高雄出生的,從小在家都是講客語的,長大後接觸的閩南人多了,語言也漸漸被同化了。還好我從小就講客語的,因此到現在我還是可以說的,只是不像小時候流利罷了。早期的北客剛來高雄時都是務農的,我們家也不例外。後來在阿公那一代我們家做起了米商生意,跟黃啟川他們家族一樣,都是高雄的米商,專收購農人的稻穀。

我會接觸到客家事務源自於我父親（鄧阿萬），因為家父是新竹同鄉會創始人，當時我唸高中，因父親的關係常接觸到客家事務，直到約民國70年（1981）左右我才真正全心投入客家事務。傅有舜算是我爸爸的朋友，在他是高醫當會計時他們就認識，而且我們家是米商，早期我們要把稻穀送去碾米廠，在凹子底就有一個粘米廠，當時是由傅有慶（阿源）負責的，久而久之就更認識傅有舜這個人了。

　　他當高醫會計主任時，就一直有在義民廟幫忙，那時大約是民國50-60年間，後來是因為我接客委會董事長時，適逢傅有舜也從高醫會計主任榮退幾年，所以特別邀請他做我的秘書。那時一屆是兩年，每次要開會還有文物館運作，甚至一年大約會有兩次與大陸那邊客委會交流，傅有舜都處理得井然有序。成立同盟路文物館時正值謝長廷當時在民政局，還有民政局王文正也幫了很大的忙，文物館才得以順利完成。那時也成立了客家歌謠班，傳承客家文化。

　　在當時的四大庄頭指的是：新桃苗客群、屏東客群、美濃客群及臺中東勢客群，為了整合高雄客家族群，客委會在褒忠義民廟辦桌宴客大約700桌，場面隆重盛大，可說是空前的四大庄頭聯合大會，就連當時的陳水扁總統都出席餐會，還吃了三道菜才離開的（笑～）。同盟路的客

家文物館的成立我是發起人，由傅有舜統籌。也正值凹子底土地重劃，傅有舜原本規劃凹子底聚落與文物館的結合，可作為客家文化村，中間用拱型吊橋做連結，大約100間的商店，商店街可以賣一些農產品或是客家特色美食，整個客家文化村也可以成為國中小學的鄉土活教材。後來吊橋改建便橋，一切計畫因謝長廷去當行政院長，市長換陳其邁代理7個多月，緊接上任的是葉菊蘭，因為她比較不好溝通，所以整個計畫就此打住。我想這應該是傅有舜一生最大的遺憾吧！

最早期的客家市議員是我岳父黃正忠，同時期還有張海清（後改名張榮顯）、黃興招、劉興杰、余聲欽，他們都是北客市議員。同盟路的客家文物館成立，褒忠義民廟就捐贈了200萬。文物館裡有一個客家圖書館，傅有舜當時也投入很多的心力，可惜的是知道這個圖書館的人不多。我參與客家事務已逾五十年了，現在只有一些重要的客家會議大家才會要我出席，與傅有舜共事的時間裡讓我備感輕鬆，因為他是一個做事非常嚴謹的人，工作認真，除了推廣客家事務外，他對客家事務與文化傳承可說是做到犧牲奉獻，我想應該找不到第二個傅有舜了。

附錄五　義民廟祭典科儀

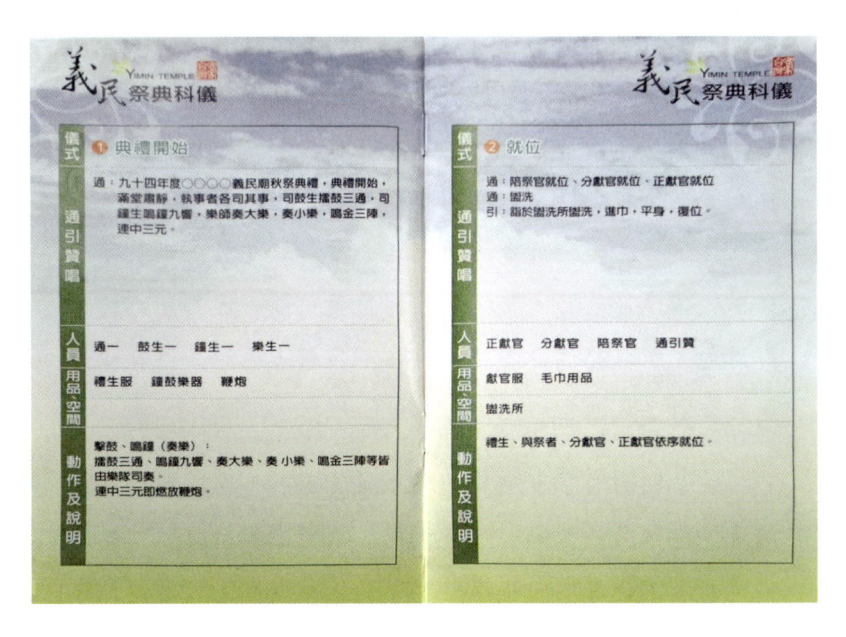

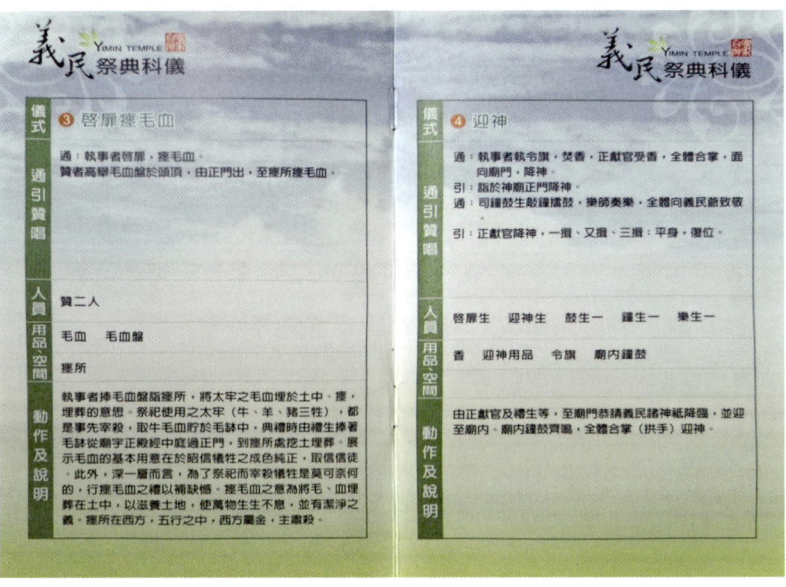

❶ 典禮開始

儀式：典禮開始

通引贊唱：
通：九十四年度○○○○義民廟秋祭典禮，典禮開始，肅堂肅靜，執事者各司其事，司鼓生擂鼓三通，司鐘生鳴鐘九響，樂師奏大樂，奏小樂，鳴金三陣，連中三元。

人員用品空間：
通一　鼓生一　鐘生一　樂生一
禮生服　鐘鼓樂器　鞭炮

動作及說明：
擊鼓、鳴鐘（奏樂）：
擂鼓三通、鳴鐘九響、奏大樂、奏小樂、鳴金三陣等皆由樂隊司奏。
連中三元即燃放鞭炮。

❷ 就位

儀式：就位

通引贊唱：
通：陪祭官就位、分獻官就位、正獻官就位
通：盥洗
引：詣於盥洗所謝洗，進巾，平身，覆位。

人員用品空間：
正獻官　分獻官　陪祭官　通引贊
獻官服　毛巾用品
盥洗所

動作及說明：
禮生、與祭者、分獻官、正獻官依序就位。

❸ 啟扉瘞毛血

儀式：啟扉瘞毛血

通引贊唱：
通：執事者啟扉，瘞毛血。
贊者高擎毛血盤於頭頂，由正門出，至瘞毛血。

人員用品空間：
贊二人
毛血　毛血盤
瘞所

動作及說明：
執事者捧毛血盤詣瘞所，將太牢之毛血埋於土中。瘞，埋葬的意思。祭祀使用之太牢（牛、羊、豬三牲），都是事先宰殺，取牛毛血貯於毛缽，典禮時由禮生捧著毛缽從廟宇正殿經中庭過正門，到瘞所處挖土埋葬，展示毛血的基本用意在於昭信犧牲之成色純正，取信信徒而言，為了祭祀而宰殺犧牲是莫可奈何的，行瘞毛血之禮以補缺憾，瘞毛血之意為將毛、血埋葬在土中，以滋養土地，使萬物生生不息，並有潔淨之義。瘞所在西方，五行之中，西方屬金，主肅殺。

❹ 迎神

儀式：迎神

通引贊唱：
通：執事者執令旗、焚香。正獻官受香，全體合掌，面向廟門降神。
引：詣於神廟正門降神。
通：司鐘鼓生敲鐘擂鼓，樂師奏樂，全體向義民爺致敬。
引：正獻官降神，一揖，又揖：三揖：平身，覆位。

人員用品空間：
啟扉生　迎神生　鼓生一　鐘生一　樂生一
香　迎神用品　令旗　廟內鐘鼓

動作及說明：
由正獻官及禮生等，至廟門恭請義民諸神祇降臨，並迎至廟內，廟內鐘鼓贊唱，全體合掌（拱手）迎神。

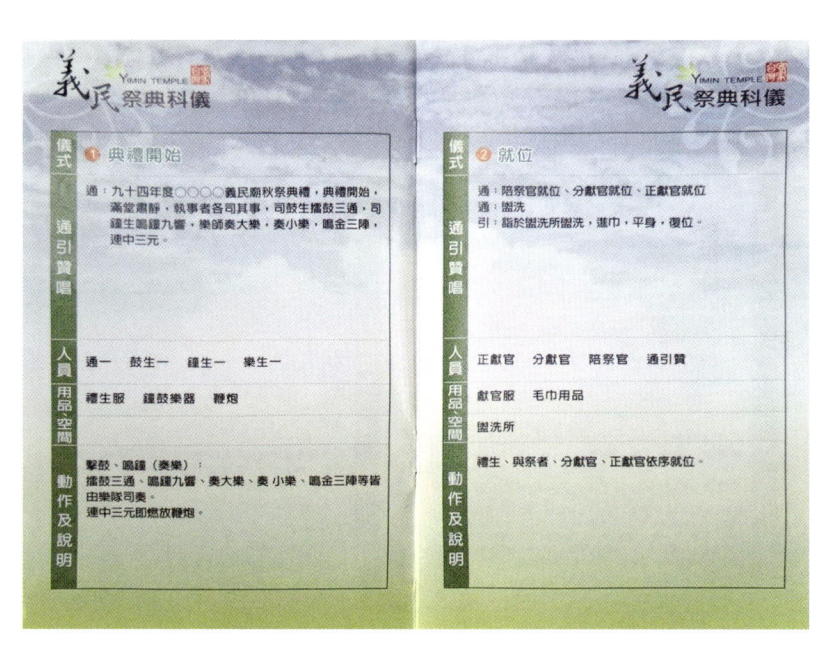

義民祭典科儀

❶ 典禮開始

通引贊唱
通：九十四年度○○○○義民廟秋祭典禮，典禮開始，滿堂肅靜，執事者各司其事，司鼓生擂鼓三通，司鐘生鳴鐘九響，樂師奏大樂，奏小樂，鳴金三陣，連中三元。

人員用品空間
通— 鼓生— 鐘生— 樂生—
禮生服　鐘鼓樂器　鞭炮

動作及說明
擊鼓、鳴鐘（奏樂）：
擂鼓三通、鳴鐘九響、奏大樂、奏小樂、鳴金三陣等皆由樂隊司奏。
連中三元即燃放鞭炮。

❷ 就位

通引贊唱
通：陪祭官就位、分獻官就位、正獻官就位
通：盥洗
引：詣於盥洗所盥洗，進巾，平身，復位。

人員用品空間
正獻官　分獻官　陪祭官　通引贊
獻官服　毛巾用品
盥洗所

動作及說明
禮生、與祭者、分獻官、正獻官依序就位。

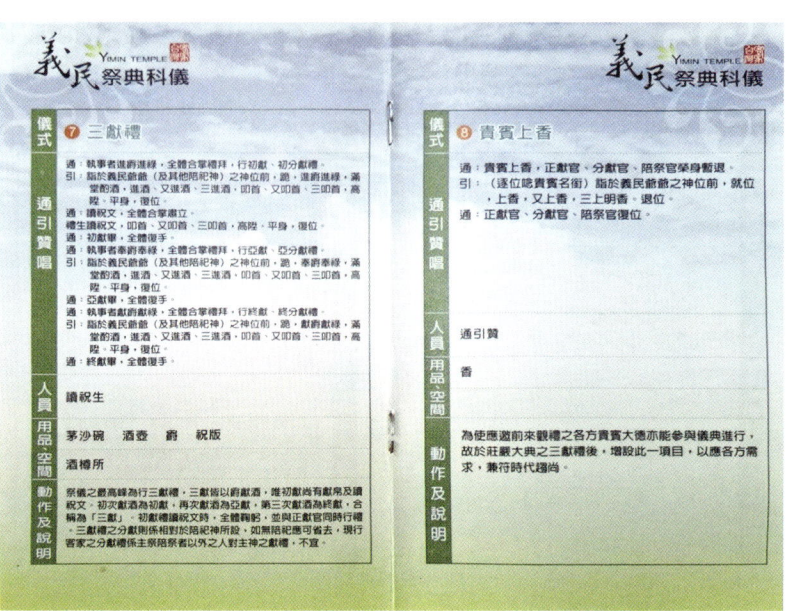

---

❼ 三獻禮

通引贊唱
通：執事者進爵進饌，全體合掌禮拜，行初獻、初分獻禮。
引：詣於義民爺爺（及其他陪祀神）之神位前，跪，進酬進饌，滿堂獻酒、進酒、又進酒、三進酒、叩首、又叩首、三叩首、高跪、平身、復位。
通：讀祝文，全體合掌肅立。
禮生讀祝文，叩首、又叩首、三叩首，高跪、平身，復位。
通：初獻畢，全體拱手。
通：執事者奉酌奉饌，全體合掌禮拜，行亞獻、亞分獻禮。
引：詣於義民爺爺（及其他陪祀神）之神位前，跪，奉酌奉饌，滿堂獻酒、進酒、又進酒、三進酒、叩首、又叩首、三叩首、高跪、平身、復位。
通：亞獻畢，全體拱手。
通：執事者獻爵獻饌，全體合掌禮拜，行終獻、終分獻禮。
引：詣於義民爺爺（及其他陪祀神）之神位前，跪，獻酌獻饌，滿堂獻酒、進酒、又進酒、三進酒、叩首、又叩首、三叩首、高跪、平身、復位。
通：終獻畢，全體拱手。

人員用品空間
讀祝生
茅沙碗　酒壺　爵　祝版
酒樽所

動作及說明
祭儀之最高峰為行三獻禮，三獻皆以酌獻酒，惟初獻尚有獻帛及讀祝文。初次獻酒為初獻，再次獻酒為亞獻，第三次獻酒為終獻，合稱為「三獻」，初獻禮讀祝文，全體鞠躬，並與正獻官同時行禮。三獻禮之分獻則係相對的陪祀神所設，如無祀應可省略，現行客家之分獻禮係主來陪祭者以外之人對主神之獻禮，不宜。

❽ 貴賓上香

通引贊唱
通：貴賓上香，正獻官、分獻官、陪祭官榮身暫退。
引：（逐位唸貴賓名銜）詣於義民爺爺之神位前，就位，上香，又上香，三上香。退位。
通：正獻官、分獻官、陪祭官復位。

人員用品空間
通引贊
香

動作及說明
為使應邀前來觀禮之各方貴賓大德亦能參與儀典進行，故於莊嚴大典之三獻禮後，增設此一項目，以應各方需求，兼符時代趨尚。

附　錄　| 155

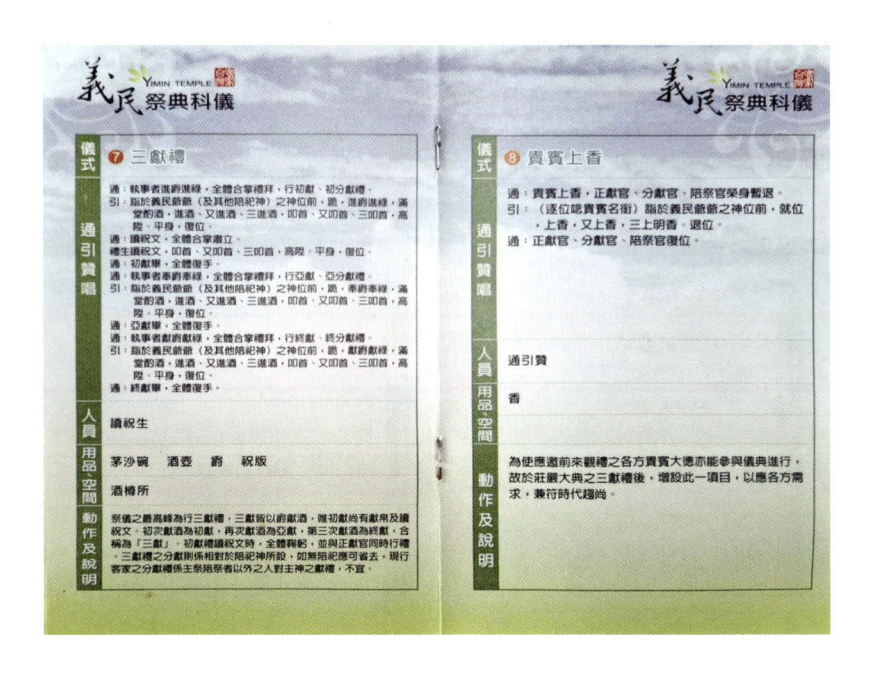

龍子里聚落的精神領袖 傅有舜

義民祭典科儀

儀式：⑦ 三獻禮

通引贊唱：
通：執事者進游退縲，全體合掌禮拜，行初獻、初分獻禮。
引：詣於義民爺爺（及其他陪祀神）之神位前，跪，奏酌進綠，滿堂酌酒、進酒、又進酒、又進酒，叩首、又叩首、三叩首，高階，平身，復位。
通：讀祝文，全體合掌肅立。
禮生讀祝文，叩首、又叩首、三叩首，高階，平身，復位。
通：初獻畢，全體復手。
通：執事者奉酌奉饌，全體合掌禮拜，行亞獻、亞分獻禮。
引：詣於義民爺爺（及其他陪祀神）之神位前，跪，奉酌奉饌，滿堂酌酒、進酒、又進酒、又進酒，叩首、又叩首、三叩首，高階，平身，復位。
通：亞獻畢，全體復手。
通：執事者奉獻齋饌，全體合掌禮拜，行終獻、終分獻禮。
引：詣於義民爺爺（及其他陪祀神）之神位前，跪，獻齋饌，滿堂酌酒、進酒、又進酒、又進酒，叩首、又叩首、三叩首，高階，平身，復位。
通：終獻畢，全體復手。

人員用品空間：
讀祝生
茅沙碗　酒壺　爵　祝版
酒樽所

動作及說明：
祭儀之最高峰為行三獻禮，三獻皆以酌獻酒，唯初獻尚有獻帛及讀祝文，初次獻酒為初獻，再次獻酒為亞獻，第三次獻酒為終獻，合稱為「三獻」，初獻禮讀祝文時，全體跪聆，並與正獻官同時行禮。
三獻禮之分獻則係相對於陪祀神所設，如繁陪祀應可省去，現行客家之分獻禮係主祭陪祭者以外之人對主神之獻禮，不宜。

義民祭典科儀

儀式：⑧ 貴賓上香

通引贊唱：
通：貴賓上香，正獻官、分獻官、陪祭官榮身暫退。
引：（逐位唸貴賓名銜）詣於義民爺爺之神位前，就位，上香，又上香，三上明香，退位。
通：正獻官、分獻官、陪祭官復位。

人員用品空間：
通引贊
香

動作及說明：
為使應邀前來觀禮之各方貴賓大德亦能參與儀典進行，故於莊嚴大典之三獻禮後，增設此一項目，以應各方需求，兼符時代趨尚。

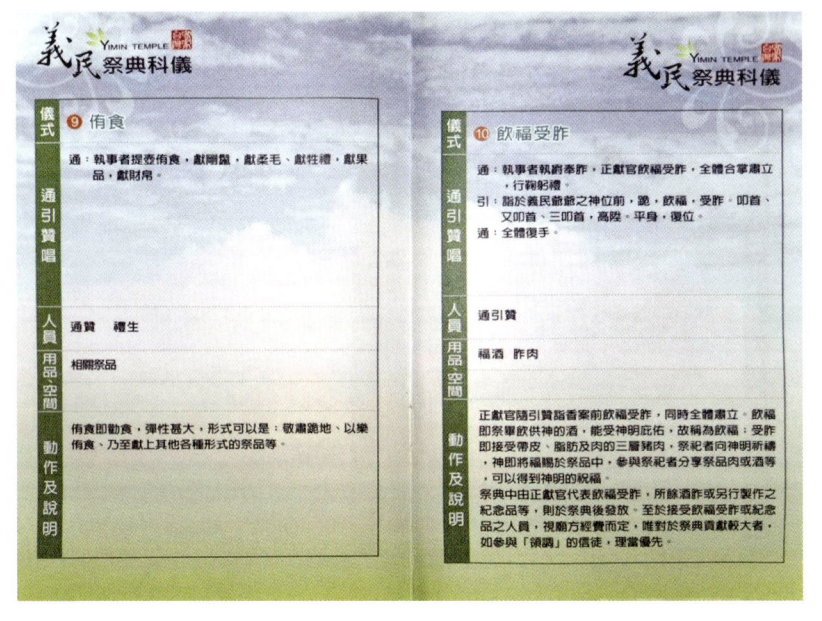

義民祭典科儀

儀式：⑨ 侑食

通引贊唱：
通：執事者提委侑食，獻剛鬣，獻柔毛，獻牲禮，獻果品，獻財帛。

人員用品空間：
通贊　禮生
相關祭品

動作及說明：
侑食即勸食，彈性甚大，形式可以是：敬肅跪地、以樂侑食、乃至獻上其他各種形式之祭品等。

義民祭典科儀

儀式：⑩ 飲福受胙

通引贊唱：
通：執事者執胙奉胙，正獻官飲福受胙，全體合掌肅立，行鞠躬禮。
引：詣於義民爺爺之神位前，跪，飲福、受胙，叩首、又叩首、三叩首，高階，平身，復位。
通：全體復手。

人員用品空間：
通引贊
福酒　胙肉

動作及說明：
正獻官躬引贊脂香案前飲福受胙，同時全體肅立。飲福即舉飲祀神的酒，能受神明庇佑，故稱為飲福；受胙即接受帶皮、脂肪及肉的三層豬肉，祭祀者向神明祈禱，神即將福賜於祭品中，參與祭祀者分享祭品肉或酒等，可以得到神明的祝福。
祭典中由正獻官代表飲福受胙，所餘酒肉或另行製作之紀念品等，則於祭典後發放。至於接受飲福受胙或紀念品之人員，視衡方經費而定，唯對於祭典貢獻較大者，如參與「領調」的信徒，理當優先。

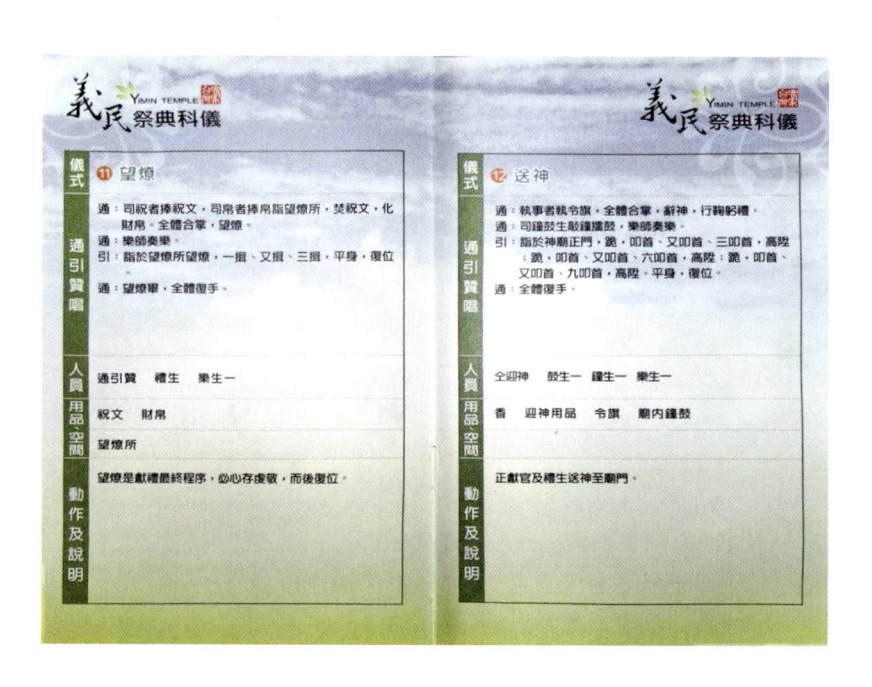

儀式	⑪ 望燎
通引贊唱	通：司祝者捧祝文，司帛者捧帛詣望燎所，焚祝文、化財帛。全體合掌，望燎。 通：樂師奏樂。 引：詣於望燎所望燎，一揖、又揖、三揖、平身，復位 通：望燎畢，全體復手。
人員用品空間	通引贊　禮生　樂生一 祝文　財帛 望燎所
動作及說明	望燎是獻禮最終程序，必心存虔敬，而後復位。

儀式	⑫ 送神
通引贊唱	通：執事者執令旗，全體合掌，辭神，行鞠躬禮。 通：司達鼓生敲鐘擂鼓，樂師奏樂。 引：詣於神廟正門，跪、叩首、又叩首、三叩首，高陞：跪、叩首、又叩首、六叩首，高陞：跪、叩首、又叩首、九叩首，高陞、平身，復位。 通：全體復手。
人員用品空間	全迎神　鼓生一　鐘生一　樂生一 香　迎神用品　令旗　廟內鐘鼓
動作及說明	正獻官及禮生送神至廟門。

附　錄　｜　157

/ 表　次 /

表 1-1　傅氏祖塔

表 1-2　傅氏公譜

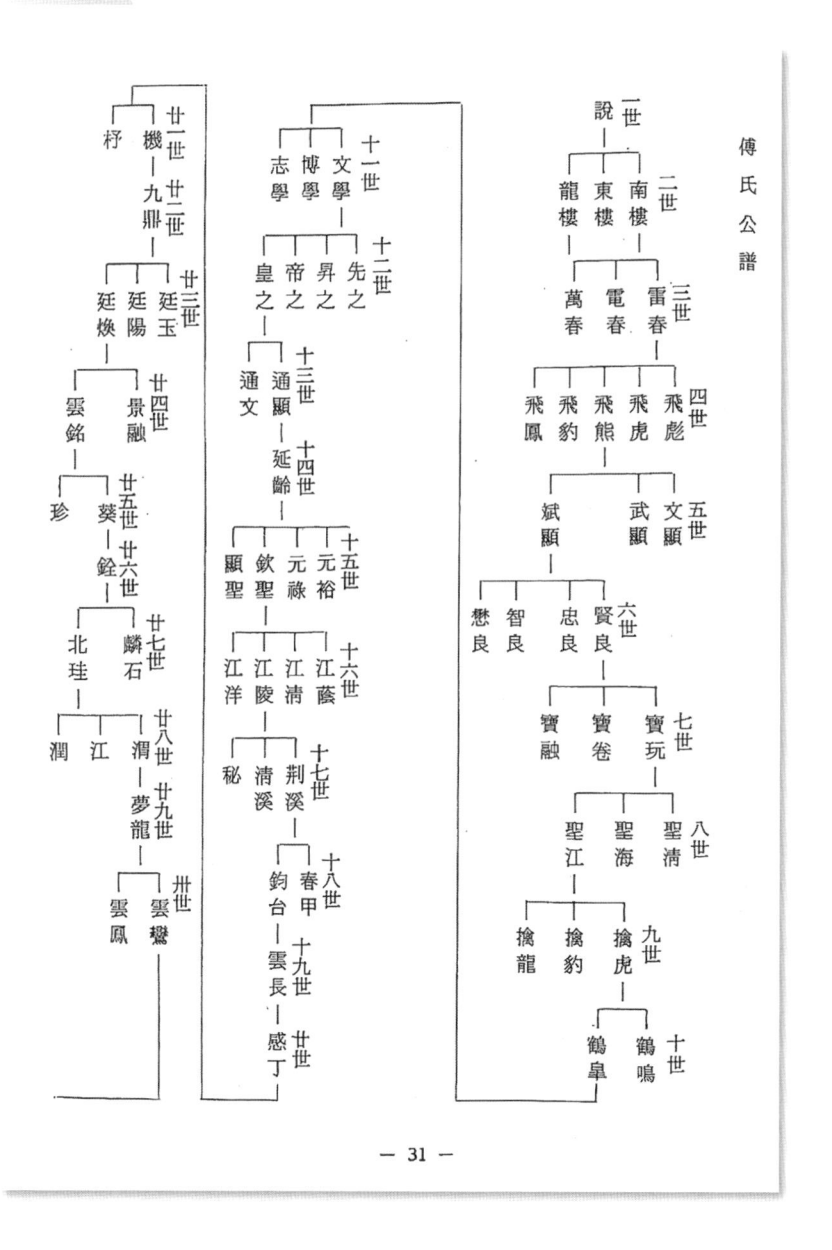

傅氏公譜

一世：說
二世：南樓、東樓、龍樓
三世：雷春、電春、萬春
四世：飛彪、飛虎、飛熊、飛豹、飛鳳
五世：文顯、武顯、斌顯
六世：賢良、忠良、智良、懸良
七世：寶玩、寶卷、寶融
八世：聖清、聖海、聖江
九世：擒虎、擒豹、擒龍
十世：鶴鳴、鶴皐

十一世：文學、博學、志學
十二世：先之、昇之、帝之、皇之
十三世：通文、通顯—延齡
十四世：元裕、元祿、欽聖、顯聖
十五世：江蔭、江清、江洋、江陵
十六世：荊溪、清溪、秘
十七世：春甲、鈞台
十八世：雲長
十九世：感丁
廿世：

廿一世：機—九鼎、杼
廿二世：
廿三世：延玉、延陽—景融、延煥—雲銘
廿四世：葵銓
廿五世：
廿六世：麟石、北珪
廿七世：
廿八世：渭—夢龍、潤江
廿九世：
卅世：雲鳳、雲鸞

— 31 —

龍子里聚落的精神領袖 傅有舜

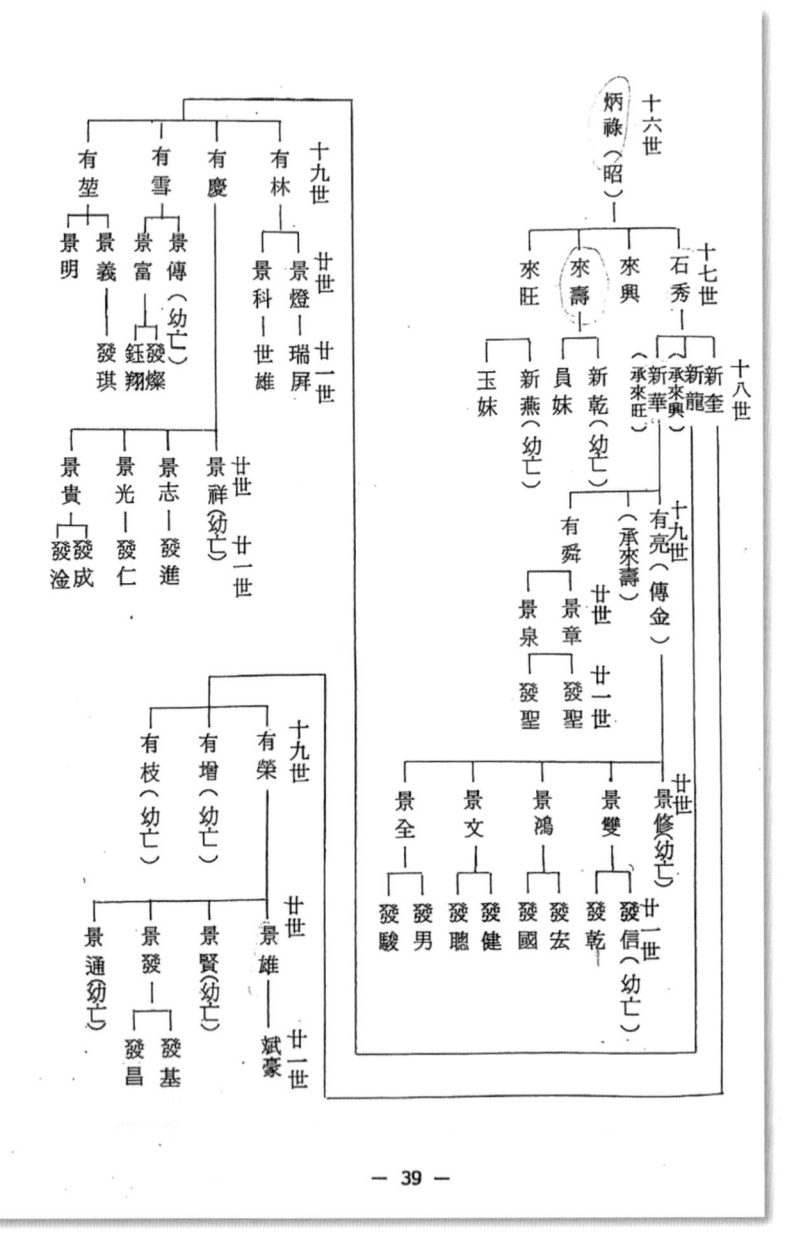

```
十六世：炳祿(昭)
├─ 十七世：來旺
│   └─ 玉妹
├─ 十七世：來壽
│   ├─ 十八世：新乾(幼亡)
│   ├─ 新燕(幼亡)
│   ├─ 員妹
│   └─ 十八世：有亮(承來壽)
│       ├─ 十九世：有舜(傳金)
│       │   ├─ 廿世：景泉 ── 廿一世：發聖
│       │   └─ 景章 ── 發聖
│       ├─ 廿世：景全 ── 廿一世：發駿
│       ├─ 景文 ── 發男／發聰
│       ├─ 景鴻 ── 發健／發國
│       ├─ 景雙 ── 發宏／發乾
│       ├─ 景修(幼亡)
│       └─ 景信(幼亡)
├─ 十七世：來興
│   └─ 新華(承來興)
└─ 十七世：石秀
    └─ 新龍奎(承來興)

十八世：有林
├─ 景科
└─ 世雄

有雪
├─ 景燈 ── 廿一世：瑞屏
├─ 景富 ── 鈺翔／發燦
└─ 景傳(幼亡)

有慶
├─ 景義 ── 發琪
├─ 景明
├─ 景貴 ── 發淦
├─ 景光 ── 發成
├─ 景志 ── 發進
└─ 景祥(幼亡) ── 廿一世

十九世：有榮
├─ 景雄 ── 廿一世：斌豪
├─ 景賢(幼亡) ── 發基／發昌
├─ 景發
└─ 景通(幼亡)

有枝(幼亡)
有增(幼亡)
```

— 39 —

													仁山					15
									炳保	炳進	炳財	炳求	炳祿					16
來清	來松	立傳	來春	來題	來相	炳保	來韶	來忠	來賜	來協	來信	來盛	來添	來統	炳進	炳旺	來壽	來興	炳祿	石秀	16 17
						清忠德	新城	新灶	新樑	來盛	新炎	新煖	新杰	新棋	新北	來添	新華	來統	新龍	新奎	石秀	17 18
新喜	新南	來清	新海	新煥	新欽	新城	新埕	新鎮	新棋	來松	新蒼	新發	新漢	新木	來春	新爐	新安	來題	新萬	來相	新奎	17 18
有錦	有治	新杰集	新標	榮光	新棋	有萬	新北	有舜	有亮	新華	有雲	新樑	有慶	有林	新炎	有烟	新龍	有榮	新奎	18 19
有乾	新城	有星	有國	有全	有和	新灶	有明	有燈	有福	有典	有勳	新樑	有祥	有金	新炎	有喜	新萬	有貴	新煖	清德	18 19
有永	有舉	新發	有港	有明	有文	新木	有福	有桂	友淡	有金	友雄	有田	新爐	有機	新安	有坡	新萬	有權	清德	18 19
勇誌	勇豪	新欽	有本	有煌	新喜	有弘	有才	新南	有倫	新海	有銅	新煥	有宏	有堅	有照	有章	新埕	有俊	新蒼	有譽	新德	18 19
景全	景文	景鴻	景雙	景明	景義	有亮 景	景富	景貴	有堅 景雲	景志	景光	景科	景燈	景發	有慶	有林	景雄	有榮			19 20
有福	景堂	景永	景台	景強	俊銘	有勳	俊雄	景斌	有貴 景孝	景燊	景堂	景祥	景泉	有萬	景章	有舜					19 20
景傑	有福	景宗	有淡 信	景志	景徨	友雄	景良	景森	有田 景祥	景星	景維	景廷	有機	景營	有坡	景芳	景賢	有全			19 20
															景利	有俊	景宏	有舉			19 20

景双發乾	鈺祥	景富發燦	景發淦	景貴發成	發仁	景光發進	景志世雄	景科發裕	景發基	景發斌豪	景雄	20 21

發琪	景義發聖	景章發駿	發男	景全發聰	景文發健	景發國	景鴻發宏	20 21

有國	有石	有成	有桂	有榜 新鎰	18 19